KB156257

전문가와 전문지식의 생태학

• 이 저서는 2017년 대한민국 교육부와 한국연구재단의 지원을 받아 수행된 연구임
(NRF-2017S1A6A4A01021907)

18
한국연구재단
저술총서

전문가와 전문지식의 생태학

황희숙

한국문화사

서문: 전문가와 전문성의 문제

인류의 모든 문화가 전문가(expert)에 대한 경외와 의존을 보여주고 있다는 말은 크게 틀린 것은 아닐 것이다. 고대에도 지식을 가진 자로서의 전문가에 대한 존중이 있었겠지만, 근대과학의 탄생 이후 과학과 공학기술 분야에서 전문성(expertise)과 전문지식(expertise, expert knowledge)에 대한 신뢰와 의존은 각별한 것이었다. 전문성을 지닌 사람 특히 여러 학문 중에서도 과학, 의학, 법률 분야에 종사하는 전문가들의 권위에 대해 우리는 특별한 방식으로 인정을 해왔다. 이것은 전문가주의(professionalism), 엘리트주의(elitism)라는 이름을 통해서도 쉽게 확인된다.

전문가주의는 학문 분야에 국한되지 않고, 일반인의 일상생활과 정치에 강력한 영향력을 발휘하고 있다. 전문가들은 배타적인 권위의식을 갖고, 일반 시민의 참여와 판단보다 자신들의 전문지식이 더 우월함을 주장해왔다. 이런 연유로 전문가가 아닌 시민의 과학정책 참여도 제한되어 왔고, 특히 비주류였던 여성이나 원주민들의 '지역적 지식(local knowledge)'과 '토착 지식(indigenous knowledge)'도 과학의 범위 안에 포섭될 수 없었다.

그런데 최근 들어 전문가들의 시각의 문제점을 지적하는 소리가 높아지고 있다. 구체적으로 그들의 확증편향(confirmation bias)에 대한 비판 또, 정보전달이나 예측의 실패에 대한 비판이 점차 커지고 있다. 바야흐로 전문가의 권위에 대한 존중과 경외가 점차 사라지고 있는, 그런 시대가 도래한 것이다. 우리나라의 광우병을 둘러싼 논쟁에서 보이듯이 건강, 생명, 그리고 환경 분야에서 우리가 직면한 위기 상황에 대한 대응문제와 그에 대한 정책 수립과 관련해, 시민들의 도전이나 비판이 점차 거세지고 있다.

시민 외에 학자들 중에도, 질병과 의료정책, 원자력 발전소 문제에 대해 과학자들이 독단적인 믿음을 갖고 편견의 옹호자로 전락해 왔음을 지적하는 이들이 나타나기 시작했다. 그래서 소수의 탁월함보다 때로 다수의 결정이 더 올바르고 유익할 수 있다는 민주주의 원칙이 과학 분야에도 적용될 수 있다는 믿음이 생겨났고, 이는 소위 '과학민주화운동(DSM)'으로 전개되고 있다.

한편으로 위키피디아(Wikipedia)의 경우를 통해 알 수 있듯, 일반인들도 인터넷과 SNS를 이용해 쉽게 정보교류를 하며 지식을 빨리 취득하고 전문지식을 생산할 수 있다는 사실은 주목할 만한 현상이다. 위키피디아는 새로운 형태의 전문성 즉, '정보적 전문성(informational expertise)'이 어떻게 출현하는지를 보여준 대표적 사례다. 이와 동시에 전통적 의미의 전문가와 그의 지위가 불안해진 것에는 다른 사회적 요인이 있기도 하다. 지식 자체가 너무나 빨리 변화하고, 어떤 특정 분야의 전문가가 통제하기 어려운 경계 분야나 융합 분야가 출현하고 있어서 전통적인 의미의 전문가의 역할에 대한 재고가 필요하게 되어버린 시점이 도래했기 때문이다.

이런 혼란의 와중에 즉, 학문적 경계의 붕괴 현상과 더불어, 최근에 특히 보건과 의료분야 그리고 환경정책 분야에서 일반 시민의 기여가 두드러지는 경향을 목도할 수 있다. 에이즈(AIDS) 치료 약물의 발견에 기여한 환자그룹 또 건강 보조 약물의 효능에 관련해 전문가들을 압도했던 헬스 트레이너들의 지식은 또 다른 종류의 전문성을 보여주는 대표적인 사례로 거론할 수 있다.

하지만 비전문가의 전문지식에의 기여는 밝은 측면만을 지니고 있는 것은 아니다. 전문분야에 있어서 일반인의 개입이나 참여가 항상 바람직한 현상이 아니었던 것은, 2017년 아동학대 혐의로 고발되어 큰 물의를 일으켰던 '약 안 쓰고 아이 키우기 카페(안아키 카페)' 사건이 방증한다. 이 카페에 가입한 수만 회원들 중 일부는 검증되지 않은 극단적 자연치유법을 맹신하고 기존 의학과 의술 및 전문가들의 조언을 상당 시간 부정해왔다. 이 카페를 운영한 한의사가 식품위생법과 의료법을 위반해 무허가 소화제나 해독제를 판매했던 것은 수많은 불법, 사기 행위와 별반 다를 것 없다. 그런데 그 운영자가 카페의 일반 회원들을 '맘 닥터'로 명명하며, 정통 의학적 지식에 어긋나는 치료법 적용을 선동한 점에서 이 사건은 특히 '전문성'에 대해 귀중한 시사점을 던진다.

수많은 블로거와 유투버들이 비전문적인 지식을 양산하고 전파시키고 있는 상황을 보건대, 오늘날 우리 사회에는 일종의 잘못된 '지적 평등주의'가 만연해 있다고 말할 수 있겠다. 전문가의 권위를 '엘리트주의'로 거부하며 전문가에 대해 반감을 드러내는 일반 시민, 그리고 자기 전문분야가 아닌 분야와 영역에 침범해 들어가는 전문가들, 언론에 등장하는 유명인들과 해설가들, 온라인의 블로거들과 크리에이터들이 '진정한 전문지식'의 종말을 재촉하고 있는지도 모른다.

이렇게 복잡하고 위험하게까지 보이는 현대의 상황은, 전문가의 권위와 전문성, 전문지식의 생산과 유통 문제에 대한 본격적인 연구를 요구하고 있다고 생각한다. 젠더와 지식의 관계에 대한 페미니스트 인식론자들의 관점이나, '지역적 지식'과 '토착 지식'의 복위에 대한 환경운동가들의 주장들, 그리고 더 근본적인 차원에서 '인식적 의존' 관계 즉 전문가에 대한 '신뢰(trust)' 문제를 둘러싼 논쟁들, '공동체(community)'

와 지식의 관계에 대한 대안적 관점들, 그리고 가까운 미래에 인공지능 (AI)에 의한 전문가의 퇴출 가능성 등에 대한 염려와 불안 등이 모두 전문가와 전문지식에 대한 본격적인 연구의 필요성을 말해주고 있다. 이렇게 **전문성의 맥락화**와 **비전문가들의 잠재적 역량 강화 현상**에 대한 근본적 성찰이 필요한 시점에서 이 책의 연구가 출발한다.

이 책은 전문가와 전문성을 다룬 본격적인 철학적 연구서로는 아마도 국내 최초가 되리라 생각한다. 전문가는 지식과 경험 그리고 문제 해결 능력을 갖춘 사람이며, 창의성과 직관 및 통찰력에 있어 탁월한 사람으로 정의되어왔다. 그런 까닭에 전문성에 대한 기존 연구는 심리학, 교육학, 경영학의 관심권에 집중되어 있었다. 거기서도 전문가의 특성과 학습 또 성장배경, 전문성의 구성요소, 전문가 양성의 방안 등이 주 화제였을 것이다.

철학 분야에서 전문성 연구는 과학철학자와 과학학자 특히 몇 분의 국내 STS 연구자들에 의해 이뤄졌고, 주제는 과학 민주화(democratiza-tion)와 연관되었다. 하지만 그 연구들은 전문가의 '전문성'과 '전문지식' 자체에 초점을 맞춘 것은 아니었으며, 과학기술정책의 수립과정에서 시민사회의 참여를 정당화한 내용이었다. 필자도 지식생산에 대한 여성주의 시각을 다룬 바 있다. 하지만 그 작업은 지식산출 과정, 정당화 작업과 젠더 문제에 초점을 맞춘 내용이었기에 그 젠더 정치학의 내용이 심화되고, 전문성 논의도 더 깊어질 필요가 있다.

외국의 경우 1980년대 중반 하드윅(J. Hardwig)이 '인식적 의존', '권위'와 '신뢰'에 대해 연구함으로써 전문성 연구가 본격 시작되었고, 최근 약 20여 년 동안 전문가와 전문성에 대한 연구는 활발히 진행되고 있다. 하지만 국내의 경우에 전문성, 전문지식에 대한 연구는 아직 본격적으로 시작되지 않았다고 보인다. 이렇게 국내외의 연구 동향을 비교해서 살펴볼 때, 권위와 신뢰를 부여받는 전문가와 전문지식에 대한 생태학적 연구, 그리고 지식과 공동체의 관계와 전문성의 확장 문제에 대한 연구가 이 책을 통해 충실히 진행되면 그로 인해 우리 학계에 기여하는 바가 있으리라 기대해 본다.

이 책은 전문지식에 대해 다루지만 전통인식론의 지식에 대한 개념분석에서 벗어나, 전문성과 전문가에 대한 도전으로 나타나는 작금의 사회문화적 변화에 대해서 다루며 검토하고자 한다. 또한 과학기술학과 페미니스트 인식론의 주장들, 그리고 전문지식과 관련해 생태·환경 분야와 의료분야에 대한 대안적 관점들을 숙고하고 비판하고자 한다. 비전문가인 시민들 특히 여성들이 어떻게 전문성을 부정당해 왔고, 전문지식에의 접근이 배제되어온 사람들이 어떻게 전문가주의에 도전해왔는지, 이를 통해 젠더 과학기술 정책에는 어떤 변화가 있어야 하는지를 살펴보고자 한다.

하지만 이 책은 과학의 성취나 전문지식을 이데올로기적으로 폄하하거나 전면 부정하려 하지는 않는다. 전문지식과 전문성이 정치화되고 권력으로 작용했던 사례들에 대한 비판적 검토를 통해 인지적 권위(cognitive authority)의 다양한 모습들이 드러나기를 바랄 뿐이다. 필자는 전문가와 전문지식에 대한 일종의 생태학적 연구를 통해, 전문성의 개념을 확장하고 지식을 공동체와 연결시키고자 한다. 그로써 편협한 형태의 전문가주의나 엘리트주의를 경계하고, 일종의 **"공동체 지식론"**그리고 **"유연한 전문화"**라는 대안을 제시하려는 것이 이 책의 궁극 목표다.

필자는 이 책에서, 전문가에 대한 권위와 신용 부여에 대해 우리가 재고해 볼 수 있기를 희망한다. 그를 위해 전문지식이 어떤 인식공동체(epistemic community)에서 어떻게 생겨나며 사회와 문화라는 환경, 또 젠더 정치학에 의해 어떤 영향을 받을 수 있는가에 대해 해명하고자 한다. 이는 전문지식의 탄생, 확산, 전이와 소멸에 영향을 미치는 전문가 집단, 시민사회 또 정보 환경에 대해 연구하는 작업이다. 이것을 필자는 생물의 상호관계, 생물과 환경의 관계를 연구하는 생태학에 비유하여, '**전문지식의 생태학(the ecology of expertise)**'이라 명명한다.

지식이 생산되는 과정과 인식론적 관행에 대해 즉, 전문가와 공동체의 '의존관계(epistemic dependence)', 전문지식의 '권위(authority)'와 전문가에 대한 '신뢰'에 대해 생태학적 연구를 수행함으로써, 새로운 지식 관념에 의한 일종의 '지식론의 복위'를 도모하고자 한다. 그러나 이 지식론은 개인주의적이고 토대론적인 인식론이 아니다. 전문성에 대한 폐쇄적 사고를 지양하고 그것을 확장해 일종의 "공동체 지식론"을 구상해보려 한다.

또한 종래에 무시되어왔던 지역적 지식과 토착 지식도 과학을 증진시키는 방식으로 기여할 수 있음을 말하고자 한다. 지역 지식의 몇 가지 사례에 대해, 아직 제대로 조명받지 못하고 있거나 사장될 위험이 있는, 하와이와 마다가스카르의 토종 식물들과 관련된 지식에 대해 사진과 더불어 설명한다. 또한 라투르(B. Latour)가 말한 테크노사이언스(technoscience)의 '행위자-연결망'에서 과학기술자와 전문 관료라는 중심적인 행위자에 포커스를 맞춰 그들의 역할과 행태를 조명하고자 한다.

지식 공동체에서 생성되고 작동하는 맥락적이고 장소 기반적인 지식 즉 '지역적 지식'에 대해, 외부 비전문가들의 참여를 증진하게 하는 지식 공동생산 방식에 대해 논의하고자 한다. 궁극적으로 이 책에서 이상적으로 제시하는 전문가는 배타적 권위를 가진 전통적 의미의 전문가가 아니며, 지식 공동체의 발전에 적극 기여하는 **"참여적 지식인"**이다.

이 책은 크게 3부로 구성된다. 1부는 전문성에 대한 도전이 시작된 이론적 배경과 전문지식 붕괴의 원인들을 규명하고자 하며, 전문가와 전문지식에 대한 전통적 개념의 문제점을 진단한다. 1장에서 전문지식과 전문가의 권위에 대한 회의를 **실용주의, 반과학주의, 페미니즘**의 등장에 연결시킨다. 실용주의의 대두와 더불어 절대적 진리와 객관성에 대한 믿음이 약화됨으로써 그것들로 무장한 것으로 여겨지던 전문가의 권위도 같이 추락한다고 분석한다. 또한 전문지식의 이상이며 범례인 '과학'의 이미지에 대한 손상은, 과학주의(scientism)에 대한 비판과 더불어 과학민주화운동, 참여과학 운동으로 촉진되었다.

이와 더불어 '과학 문화'와 '인문 문화'라는 '두 문화(two cultures)'의 대립과 그 한쪽의 지배나 우월성을 지지하는 양 진영의 지식인들의 대립 구도에 대해 고찰한다. 페미니즘은 토착 지식과 그 소유자인 여성에 대한 착취를 비판해왔다. 페미니스트 과학비평가들은 가부장적인 과학자와 전문가 중심의 과학지식을 비판하며, 그에 대비되는 여성의 지혜와 실천적 지식인 '메티스(metis)'를 내세웠다. 과학민주화를 위한 논변들과 페미니스트 인식론의 논변은 2부 〈전문지식의 생태학〉에서 연장되어 다뤄지며 1장에서는 전문성에 대한 도전의 배경으로서만 고찰된다.

2장에서는, 앞 1장에서 본 지성사적 흐름을 떠나, 전문성의 붕괴와 전문지식의 종말을 불러오는 직간접적인 원인들에 대해 다룬다. 먼저 과학의 정치화, 과학자들의 확증편향을 지목한다. 또한 닐 포스트먼(N. Postman)이 말한 "테크노폴리(technopoly)의 '문화적 에이즈(cultural AIDS)'라는 병"이 가져온 위해에 대해 확인하고자 한다. 테크노폴리는 과학과 기술의 신격화로 빚어지는 문화인데, 이것이 불러온 질병적 양상에 대한 비판이 전문지식에 대한 경고음으로 작용하고 있다고 볼 수 있다. 일반인들이 누구라도 구글을 통해 손쉽게 전문적 지식과 정보에 접할 수 있게 되며, 또한 위키피디아(Wikipedia)가 보여주듯 지식 생산자가 될 수 있게 됨으로써, 전문가의 지위는 더 추락하게 된다.

3장에서는, 앞 두 장을 통해 지성사적 조류와 또 전문지식을 둘러싼 내외부의 원인들에 의해 전문성이 도전받고 있음을 살펴본 것에 이어, 전문가 사회에 대해 그리고 전문지식 자체에 대해 우리가 갖고 있는 전통적인 개념을 다시 들여다보고자 한다. 여기서 전문가 특히 과학자와 기술관료의 지배와 독점권에 대한 파이어아벤트(P. Feyerabend)와 일리치(I. Illich)의 비판의 목소리에 귀를 기울여 볼 필요가 있다.

우리가 갖고 있는 지식의 이미지란, 지식의 탄생과 전이와 소멸을 인정하지 않고 지식을 영원히 옳은 것으로 간주하는 것이다. 그래서 낡은 지식에 매달려 "지식의 관성"을 유지하고 있는 사람들에게 아브스만(S.

Arbesman)이 들려주는 '전문지식의 반감기'에 대한 이야기를 경청할 필요가 있다. 또 인공지능(AI)이 전문가들을 대체하는 4차 산업혁명 시대에, 전문가와 전문지식의 역할은 무엇일까를 전망하고자 한다. 인공지능의 시대에 전문가는 탈신비화될 것이며, 전통적인 전문직은 해체되게 된다. 이때 전문지식이 전문가의 표식일 수 없고, 사회 전체와 특정 공동체들이 (실용적인) 전문성을 공유하는 길을 모색해야 한다. 이 논의에서 출발해 다음 2부에서 지식의 특성, 생태학적 특성을 좀 더 면밀히 살펴보아야 할 계기가 마련된다.

2부에서 본격적으로 전문지식과 전문성에 대한 생태학적 고찰을 하고자 한다. 비과학적인 것으로 치부되어온 다양한 분야의 지식들의 사례와 아마추어이자 참여적 지식인들이었던 사람들의 기여에 대해 여기 2부에서 해명한 후, 3부에서 전문성 확장을 주장하는 이론적 정당화를 모색하고자 한다. 3부에서는 "공동체 지식론(community knowledge thesis)"과 과학−시민 사이의 과학적 지식 생산의 공동작업 모델을 제안하고자 한다.

먼저 4장에서 과학적 지식의 권위와 신뢰 변화의 모습들, 과학민주화(DSM)를 위한 논변들을 다룬다. 또한 과학과 대립되는 것으로 종래에 여겨지던 '지역적 지식'과 '토착 지식'의 개념에 대해 재조명한다. 더불어 토착 지식의 몇 가지 사례와 과학적 활용 가능성에 대해 다루고자 한다.

5장에서는 페미니스트 인식론자들이 주장한 젠더와 전문지식의 관계를 다룬다. 남성으로 이루어진 전문가 사회의 장벽에 대해, 제인 제이콥스(J. Jacobs)와 레이첼 카슨(R. Carson)의 사례를 대표로 들어 논의한다. 그리고 그들이 진정으로 기여한 바가 무엇인지 왜 그것이 가치가 있는지를 규명한다.

6장에서는 음식, 농업, 의료분야의 지식을 전문지식, 과학과 대조해 살펴봄으로써 새로운 의미의 전문성 즉 '기여적 전문성(contributory expertise)'을 끌어들이려 한다. 음식 만들기와 농사에서 두드러진 여성의 지식과 기술의 내용에 대해 해명하고 그 가치를 논한다. 음식과 조리에 대한 전통문화를 반영하는 여성의 지식이 무시되고 전문 과학적 지식인 영양학이 자리 잡음에 따라 그 안의 전문가주의의 폐해가 드러남을 말한다. 영양주의(nutritionalism)는 환원주의적 과학의 신념이며, 음식과 식사에 관련된 여성의 지식을 배제하면서 동시에 식사와 관련된 역사와 전통가치를 망각케 한다. 마찬가지로 여성 농부의 지식도 농업과학으로 수용되지 못한 연유와 현황을 논의한다. 시민의 '일반인 전문가(lay expert)'로서의 결정적 역할은 AIDS 환자와 게이 공동체가 기여한 내용을 중심으로 살펴본다.

3부에서는 이 책이 전문성 이슈에 대해 일종의 처방으로 제안하고자 하는 바, 전문성의 확장과 "공동체 지식론"을 다룬다. 7장에서 라투르(B. Latour)가 제창한 '행위자-연결망 이론(ANT)'에 의거해, 인간과 비인간과의 동맹 관계에 대해 살펴본다. 여기서 특히 연결망의 중심에 있는 '계산센터'의 테크노크라트(기술관료)의 수행성을 중점적으로 살펴본다.

행위자-연결망 속에서 전문가는 독립되고 고립된 존재일 수 없다. 과학자와 기술자는, 연결망 내의 인간-사물 행위자들을 대변하고, 이해관계를 번역하여 동맹자들을 가입시킴으로써 연결망을 확대하는 역할을 한다. 라투르의 과학인류학적 연구는 과학자와 그의 실행에 대한 우리의 통념에 충격을 가함으로써, 테크노사이언스의 행위자이기도 한 시민의 기여에 대해, 전문적 네트워크의 확장에 대해 우리가 다른 관점을 취해 볼 이론적 토대를 제공해 준다고 생각한다.

8장에서는 "유연한 전문화"를 제안하기 위한 토대로 지식, 공동체, 장소(도시/지역)의 상호 관련성에 대해 논의한다. 일반 시민의 '지역적 지식'이 무엇이며 어떻게 생산되는지, 과학자의 '글로벌 지식(global knowledge)'과 어떻게 다른지 살펴봄으로써 전문성의 확장 가능성을 타진해보고 일종의 "공동체 지식론(community knowledge thesis)"을 구축해

보려 한다.

'전문성'을 폐쇄적 프레임에서 벗어나 확대시키는 일은, 전문지식을 일반 시민이 공동체에서 생산해낸 지식과 연결시키는 일이다. 이는 곧 비전문적인 것으로 간과되어 왔던 지역적 지식의 생산자인 공동체 성원들을 **'과학의 공동생산자'**로 인정하는 모델을 제시하는 작업이다. 시민들이 공동체의 삶에서 겪은 경험과 문화전통에 기반한 그리고 적절한 시험을 거친 지식은 코번(J. Corburn)이 말한 '거리 과학(street science)'이라는 다른 브랜드 과학의 토대로, 기존의 과학과 연결되고 정책적으로 채택될 수 있다.

마지막으로 필자는 맺음말을 통해, 전문가의 쇠락과 전문지식의 위기에 직면하여 전문가의 독단과 '엘리트주의'의 폐해를 벗어나는 새로운 대안으로서 전문성을 확장하는 방안을 제시하려 한다. 이것은 특권과 권위 아닌 오로지 지식생산을 위한 전회이자, '전문가'에서 '참여적 지식인'으로의 전향 또는 회심에 대한 제안이기도 하다.

필자의 궁극목표는 시대착오적이거나 위험한 전문가주의를 경계하는 것이고, "공동체 지식론"이라는 논제를 제시하는 일이다. 이 책이 제안하는 지식공동체에서는 종래의 전문가, 즉 폐쇄적 권위를 누리는 편협한 전문가 대신, 공동체를 위해 기여하는 "참여적 지식인"이 가장 필요한 존재가 될 것이다. 특권과 권위에 대한 관심이 아니라 과학 지식의 공동 생산과 창조적인 문제 해결에 초점이 맞춰지므로, 필자는 이 전회를 "유연한 전문화(flexible specialization)"의 길이라고 명명하고자 한다.

이 책은 2017년도 한국연구재단으로부터 저술출판지원사업의 연구비를 받아 연구를 수행한 결과물이다. 이 책이 동료 학자들의 연구 및 학문 후속세대의 교육에 활용될 수 있다면 뜻깊은 일이 될 것이다. 특히 과학철학, 인식론, 현대 영미철학과 같은 철학 과목의 강의에서 활용될 수 있기를 기대한다. 또한 복합학문 중 과학사 및 과학기술학 또 여성학의 참고자료로 사용되면 좋겠다.

　연구결과물에 인용된 자료와 사례 중 음식, 농업, 환경론 분야의 정보들은 그 분야의 학자들에 의해 각자 필요한 부분이 활용될 수 있으리라 본다. 현대 정보지식 사회에서 지식의 생산과 생태학에 관련한 해명은 경영학이나 광고, 커뮤니케이션 분야의 연구자들에게 관심을 끌 수 있을지 모른다. 현대사회에서 '지식 변화에 대한 선택압'이 무엇인가에 대해 알고자 하는 지적인 일반 시민의 관심도 기대해 본다.

　더불어 지식과 권위(자)의 관계에 대한 해명이 심리학이나 교육학 관련 연구자에게 도움이 되면 좋겠다. 특히 '토착 지식'에 대한 논의는 환경운동이나 생태사상에 관심 있는 활동가들의 관심을 끌 수 있기를 바란다. '젠더와 전문성'에 대한 분석은 과학비평가와 시민활동가에게, 전문가들의 권위와 행태에 대한 논의들은 교육자, 상담가들에게 조금이라도 가치 있는 학술 자료가 되기를 희망한다. 이 연구가 수행될 수 있도록 지원해준 한국연구재단에 대해 깊이 감사한다.

차례

1부

전문성에 대한 도전

1장
전문가의 권위와 전문지식에 대한 회의

1부는 전문성에 대한 도전이 시작된 지적 배경과 전문지식 붕락의 원인들을 규명하고 자 하며, 전문가와 전문지식에 대한 전통적 개념의 문제점을 진단한다. 우선 첫 장에서 전문지식과 전문가의 권위에 대한 회의를 **실용주의, 반과학주의, 페미니즘**의 등장에 연결시킨다.

실용주의의 대두와 더불어 절대적 진리와 객관성에 대한 믿음이 약화됨으로써 그것들로 무장한 것으로 여겨지던 전문가의 권위도 같이 추락한다고 분석한다. 또한 전문지식의 이상이며 범례인 '**과학**'의 이미지에 대한 손상은, 과학만능주의(scientism)에 대한 비판과 더불어 과학민주화 운동, 참여과학 운동으로 촉진되었다. 과학주의에 대한 저항의 배경으로, 과학 문화와 인문 문화라는 '두 문화(two cultures)'의 대립과 어느 한쪽의 지배나 우월성을 지지하는 양 진영의 지식인들의 갈등에 대해 고찰한다.

페미니스트 과학비평가들은 가부장적인 과학자와 전문가 중심의 과학지식을 비판하며, 그에 대비되는 여성의 지혜와 실천적 지식인 '메티스(metis)'를 내세웠다. 페미니즘은 토착 지식과 그 소유자인 여성에 대한 착취를 비판한다. 과학민주화를 위한 논변들과 페미니스트 인식론의 논변은 2부 〈전문지식의 생태학〉에서 연장되어 다뤄지며, 여기 1장에서는 전문성에 대한 도전의 배경으로서만 고찰한다.

전문가, 전문지식

전문가는 지식과 경험 그리고 문제 해결 능력을 갖춘 사람이며, 창의성과 직관, 통찰력에 있어서 탁월한 사람으로 정의되어 왔다. 누군가가 어떤 분야의 전문가라는 사실은 그의 천재성, 재능을 보여주는 것이 아니다. 그가 뚜렷한 방향감각을 가지고 헌신해 왔음을 의미하며, 그의 성공은 적절한 교육과 훈련의 산물이다. 허버트 사이먼(H. Simon)에 의하면, 중요한 주제의 전문가가 되기 위한 과정에서 학습자는 약 5만 개의 관련 정보에 접하며, 이런 양의 정보를 소화하기 위해 보통사람은 10년이 필요하다. 에릭슨(K. A. Ericsson)도 마찬가지로 "전문가가 되려면 10년이 걸린다"는 법칙을 제시했는데, 이는 음악, 과학, 골프 등 여러 분야의 전문지식에 대한 연구에서 이끌어낸 것이다.[1]

그런데 에릭슨에 의하면 그 10년은 전문가가 되기 위해 접해야 하는 정보의 양 때문에 요구되는 시간이 아니라, 의식적인 연습을 하면서 전문가가 되기 위해 걸리는 기간이 1만 시간에 달하기 때문이다. 최소한 10년에 걸친 고된 훈련의 결과가 전문가다. 하지만 예외적으로, 새로운 분야를 개척하는 경우 더 빠른 지름길로 전문가가 될 수 있다. 예컨대 과학적 요리법인 '분자 요리', 기사처럼 보이는 '네이티브 광고(native advertising)' 등을 선도적으로 개척한 사람들의 경우를 들 수 있다.[2]

전문가와 아마추어의 지위는 개인적 선택이나 편의상의 문제가 아니라, 그들이 자기 분야에 어떤 기여를 할 수 있는가에 영향을 끼치기 때문에 중요하다. 전문가는 교육과 훈련을 받은 사람이며, 특정 분야의 새로운 발전을 산출하는 데 기여하는 특권을 누리고, 그 분야의 규범 형성에도 주도적 위치를 차지한다. 전문가가 되기 위한 교육과 훈련이 특정계층이나 성별에 대해 생략되거나 차단된다면, 그들은 전문적 지위를 누리기 어렵고 단지 전통의 전수에만 참여할 수 있다.

음악, 문학, 회화의 역사를 보면 그렇게 전문적 훈련과 연마의 기회가 여성들에게 특히 배제되어 왔음을 알 수 있다. 문학에서는 여성들이 낭만적인 대중소설 작가로서 활동할 기회가 열려있었지만, 감정적이지 않은 객관적 글쓰기를 하는 참된 예술가로 인정받은 경우는 드물었다. 18세기 중반 '블루 스타킹(Bluestockings)'이라는 조소를 받았던 귀족 출신의 여성 작가들이 있었고, 18세기 말경 중산층 여성들이 글을 쓰기 시작하는 현상이 나타났다. 블루 스타킹은 런던 중상류계급 지식인 여성들의 살롱, 즉 집에서 홍차를 마시며 문예와 같은 세련된 화제를 주제로 대화를 나누던 사교 집단을 가리킨다. 이 여성 지식인의 네트워크에 대한 공격을 드러내는 풍자화도 있다.

19세기 들어 출현한 제인 오스틴(J. Austin), 에밀리 브론테(E. Bronte)

그림 1

토머스 롤런드슨(Thomas Rowlandson), 〈블루 스타킹 클럽의 분열〉 1815,
예일대학교 루이스 월폴 도서관(Lewis Walpole Library) 소장.
© Wikimedia Commons

그림 2
버지니아 울프(본명 애덜린 버지니아 스티븐 A. V. Stephen, 1882-1941)
© Wikimedia Commons

같은 작가들이 있었으나 그들의 삶의 공간은 공유 거실에 제한되어 있었고 교육의 기회도 경제적 여유도 주어지지 않았다. 이를 한탄하면서 버지니아 울프(V. Woolf)는 그들 여성작가에게 '자기만의 방'과 제약을 극복할 만한 돈(연간 오백 파운드)를 주자고 제안했던 것이다.[3] 또 『3기니』를 통해 울프는 여성을 위한 교육기관의 필요성을 말하면서, "새롭고 청빈한 대학의 교육 목표는 분리와 전문화가 아니라 결합이어야 합니다."라고 주장했다.[4]

특히 회화의 경우 원근법의 수학적 엄밀성은 수학교육의 기회가 주어지지 않았던 사람에게는 훈련된 전문가의 지위를 갖지 못한 아마추어 화가로 계속 머물 수밖에 없게 만들었다.[5] 남성/여성, 공적/사적, 객관성/주관성, 정신/몸, 이성/정서라는 젠더화된 개념들이 짝을 이루어 작동하였고, 이 대립체계 속에 다시 전문가/아마추어라는 이원성이 확고하게 자리 잡게 된다. 머천트(C. Merchant)는 전문가로서의 여성이 역사에서 배제되어 온 과정에 대해 『자연의 죽음』에서 잘 설명한 바 있다.[6] 남성으로 대표되는 전문가와 비전문가로서의 여성이 항상 지배나 대립 관계를 보여온 것은 아니며, 때로 '로맨스 관계' 또는 조력 관계를 보여왔다고 한다.[7]

예술과 같은 특정 분야에서 전문가가 되기 위해 이렇게 학술적 언어, 수학, 규율에 대한 훈육이 절대 필요했음을 우리는 알 수 있다. 예술 아닌 **과학**에서 전문가의 지위를 누리는 것은 여성뿐만 아니라 모든 이에게 '좁은 문'으로 들어가는 일이었다. 왜냐하면 과학이야말로 엄밀한 지식의 전형이었으며, 과학자가 되어 과학지식을 생산하기 위한 훈련과정에는 수학의 언어에 대한 오랜 교육이 절대 필요했기 때문이었다. 과학적 지식과 과학자로 대표되는 전문지식과 전문가에 대한 비판이 비단 포스트모던 계열의 사상가나 과학비평가에게 국한되는 경향은 아니다.

"**권위 없는 지식**"이라는 이념을 '반증주의'라는 형태의 경험주의 인식론으로 전달하고자 했던 학자가 칼 포퍼(K. Popper)였다.[8] 보통 그의 반증주의는 과학과 비과학의 '구획(demarcation)'을 위한 주장으로 즉, 유사과학이나 도그마가 아닌 '과학'의 정체성을 보여준 것으로 이해된다. 하지만, 그 핵심은 합리적 지식의 기원과 본성 그리고 지식의 점진적 성장에 대한 주장 즉 진화론적 인식론을 위한 이론적 틀이라 볼 수 있다.

하지만 현대에 이르러도 과학적 지식의 객관성과 확실성에 대한 믿음과 과학자라는 전문가의 권위는 한편으로 더욱 강고해지고 있고, 그 반작용으로 이에 대한 도전도 거세지고 있다고 보인다. 철학에서 전문성이라는 문제가 대두된 것은 근대과학의 성립 이전, 이미 자연철학 역사의 시초에서부터가 아닌가 생각한다. 기원전 5세기 후반에 프로타고라스를 위시해 일종의 '전문가 의식'을 지녔던 소피스트에 대한 반감이 나타났기 때문이다.

소피스트들에 대한 반감은, 그들이 보수를 받았다는 사실 그 자체보다는 지혜와 덕에 관한 교훈을 팔았다는 것에 있었다. 소피스트들의 경험적 탐구를 가짜 활동이라 보고 적개심을 보인 대표적인 철학자가 플라톤이다.[9] 플라톤에게 진정한 의미의 학적인 활동은 '테크나이(technai)'로 그 목적은 그것들의 고유분야에서의 최상의 탁월함이다. 플라톤의 반감은 대화편 『소피스트 Sophist』에 두드러지게 나타난다. 소피스트들은 '덕'을 파는 사람, 알지도 못하면서, 실재보다는 현상과 의견에 근거

를 둔 모순을 만들어 내는, 철학의 거짓된 야바위꾼으로 정의된다.[10]

가장 엄밀한 전문지식으로 평가받는 과학과 또 과학자의 신격화에 대한 비판은 셸리(P. B. Shelley)나 블레이크(W. Blake)같은 낭만주의 시인에 의해서, 그리고 현대에는 과학철학자와 과학기술학자에 의해 그리고 과학자 사회 내부에서 다양한 목소리를 통해 노출되고 있다. 과학자와 철학자들의 대결은 전문지식과 전문성의 문제와 매우 밀접한 관련이 있다. 이는 근대 세계체제에서 과학의 성립과정과도 유관하다. 근대 공간 안에서 먼저, 종교적인 권위에 대해 그리고 그것에 의해 계시된 진리에 대해 철학자들이 먼저 공격하였고, 이어 철학자들의 진리 주장에 대해 과학자들의 공격이 이루어졌다.

월러스틴(I. Wallerstein)에 의하면 이런 문화전쟁에서 19세기에 이르기까지 과학자들이 승리했고, 이후 그들은 세속적 진리 주장을 하는 사람 즉 권위자로 사회적으로 인정받아왔다고 한다. 과학자들의 신조에는 일종의 위선, 이중성이 나타나는데, 그것은 정당한 진리 주장에 있어 외견상 완전한 평등주의를 내세우면서도 **권위주의**와 **엘리트주의**를 숨기고 있기 때문이라고 월러스틴은 분석한다.[11] 과학자들의 믿음에 의하면 모든 것에 대한 앎, 확실성이 가능하며 이런 신념이 바로 근대과학의 핵심인 결정주의적 세계상이다. 결정주의는 뉴튼 역학의 핵심이며, 모든 과학프로그램의 근본이고 모든 과학적 노력의 모델이다.

이 뉴튼적 모델이 이제 물리학과 수학 내부에서 격렬한 도전을 받고 있다. 도전자들이 내세우는 대항 슬로건은 확실성 아닌 확률, 결정주의 아닌 혼돈, 선형성 아닌 평형에서 벗어나 분기점을 향하는 경향, 가역성 대신 시간의 화살을 제시한다. 과학 내부에서 생겨난 '복잡성 과학'

과, 과학을 인문학적 사고와 근본적으로 다른 것으로 보지 않고 문화의 일부로 보는 '문화 운동'이라는 두 개의 지식 운동이 과학의 지위에 영향을 미치고 있다. 지난 수십 년간 이뤄진 이 경향성과 더불어 이제 우리는 과학과 철학의 관계에 대해 새로운 설정을 시도해 볼 수 있다.

현대에 전문성 문제에 대한 논의는 과학(자)에 대한 과학 안팎의 도전을 통해서 뿐만이 아니라 각 분야에서 목격되는 전문가의 위상 추락을 관찰함에 의해 더 그 필요성을 절감할 수 있다. 법률가와 회계사, 작가와 예술가 모두는, 비전문가인 일반 시민이 비교적 쉽게 접근할 수 있는 정보 지식의 힘으로 관련 문제의 해결에 개입하려 함에 따라, 직업상의 위협을 점차 느끼고 있다.

사회경제적인 변화, 또 기술의 변화가 초래한 전문성에 대한 위협을 살펴보기에 앞서, 전문성에 대한 도전이 이뤄진 지적인, 학문적 배경을 먼저 세 가지로 나누어 논의하고자 한다.

실용주의의 영향

20세기로의 전환기에 미국에서 태동한 프래그머티즘(pragmatism)은 철학 내부의 **'전문' 철학**에 대한 비판인 동시에, 그 소위 '전문' 철학자들이 의존하려 했던 바 과학성과 엄밀성에 대한 비판이며 계몽주의의 잘못된 유산에 대한 비판이다.

실용주의자들은 프래그머티즘이 하나의 학문 분야가 되는 것 즉, 전문적 사상가들이 하는 일 가운데 하나가 되는 위험성을 경계했고, 특히 윌리엄 제임스(W. James)는 프래그머티즘을 전문 철학이 아니라 '철학하는 방식'의 하나로서 제시했다. 그것은 '경험주의자의 태도'를 나타내는데, 이는 전문적 철학자들의 고질적인 습관으로부터 등을 돌리는 것을 의미했다.[12] 제임스가 스스로를 철학자로 간주했고 한 대학의 철학과의 건설자이기도 했지만, 그의 반대편에 서 있던 전문 철학자들은 제임스가 전통적 철학문제를 해산시킨다고 보고 그를 적으로 여겼다.

프래그머티즘은 반(反)형식주의 즉, 우연적 지식을 형식적 체계 속에 수립하고자 하는 모든 경향에 대한 끝없는 비판의 원리를 나타낸다. 철학이 우리가 사는 방식에 대한 우리의 앎을 형식 체계 속에 수립하고자 하는 노력임에 반해, 프래그머티즘은 그 기초를 허물고, 구분을 부숨으로써 결국, 대학의 철학과 이외의 어디선가 행해지듯이, "나무를 갉아먹어 해를 끼치는" 흰개미의 역할을 행하지 않을 수 없다고 철학자들은 보았다.[13]

실용주의의 시기가 지나고 다시 철학은 제2차 세계 대전 이후 더욱 특별한 종류의 전문화의 시기를 거치게 된다. 당시 미국의 철학자들은 그 이전의 실용주의 철학, 당대 유럽대륙의 철학, 그리고 문예적 지식인들의 문화비평이 논증적 엄밀성을 결여하고 있다고 생각하고, 과학성과 엄밀성에 호소함으로써 철저하고 배타적인 전문가가 될 수 있다고 믿었다.

하지만, 이 전문화된 시대의 철학자들이야말로 이제까지 철학자들의 위대한 이야기들을 '비과학적'이고 '비학자적'인 것이라 불신함으로써, 결국 이들로 인해 철학의 역사가 문예 지식인의 손으로 넘어가 버리기

그림 3
윌리엄 제임스(W. James, 1842-1910) vs 러브조이(Arthur O. Lovejoy, 1873-1962)
© Wikimedia Commons
© https://prabook.com/web/arthur.lovejoy/3763522

시작했다는 비판의 소리도 있다. 이는 로티(R. Rorty)의 시각이다.[14] 그는 미국 철학회의 초창기 러브조이(A. O. Lovejoy)와 윌리엄 제임스의 대결 및 거기서 러브조이를 대표로 하는 반실용주의자들이 거둔 승리에 주목했다.

1900-1922년 경 미국철학회 활동을 둘러싼 쟁점이 있었고 이때 두 세력 사이의 대결을 로티는 '소크라테스적인 대화'를 사랑하는 사람들과 '자기 기만적인 레토릭'을 사랑하는 사람들 사이의 대립으로 본다. 또는 실용주의와 반실용주의의 차이는, '대화'를 그 자체가 목적인 활동으로 보느냐, 동의와 합리적인 합의도출을 목표로 하는 활동으로 보느냐의 차이로 본다.[15]

철학을 하나의 과학으로 만들고자 한 러브조이 편의 승리는, 철학의 전문성이 점증해 가는 데 대해 회의적이었던 실용주의자의 시각이 패퇴하고, 본격적으로 과학적인 철학이 대두함을 의미했다. 하지만 진정한 문제들에 대한 '객관적이고 검증가능하며 명확히 전달 가능한' 해결책을 철학자들이 제시해야 한다는 생각은, 로티의 지적에 의하면, "지식과 도덕성의 숨겨진 본질을 찾아내고자 하는 계몽주의의 잘못된 탐구가 남겨놓은 유물"일 뿐이다.[16]

1950년대에 접어 들어서면, 자연과학의 활동과 그 결과에서 나온 문제의 해결이라는 임무를 철학에 부과한 라이헨바하(H. Reichenbach)의 말대로, '과학적 철학(scientific philosophy)'이 태동하였다. 그의 주장은 다음과 같다.

"철학적 문제들은 이전에는 단지 억측의 대상일 뿐이었다. 하지만 학문으로서의 철학은 철학적 문제들을 해결하는 데 필요한 도구들을 오늘날의 여러 과학에서 발견하였다. 간단히 말하면 나는 철학이 사변에서 학문으로 발전했다는 사실을 알리고 싶은 마음에서 이 책을 썼다."

"19세기의 과학은 철학자들의 시야를 넓혀 주었다. 수많은 전문적 발견들은 풍부한 논리적 분석과 잘 어울렸다. 그리고 새로운 과학이라는 토양에서 새로운 철학이 싹 텄다. 새로운 철학은 과학적 탐구의 부산물로 시작됐다."

"우리 세대에 와서야 비로소 새로운 부류의 철학자, 즉 **수학을 포함한 과학의 전문 기술**을 습득하고 철학적 분석에 관심을 집중한 철학자들이 생겨났다."[17] (강조표시 필자)

이들 논리경험주의자들에게서 교육받은 세대가 배출되면서, 1960년대와 70년대를 거쳐 미국을 중심으로 '분석의 시대(the age of analysis)'가 시작된다. 분석철학자들이 갖는 철학의 이미지에서 철학의 문제란, '새로운 과학'이 철학자들의 주요 관심사였던 17세기와 18세기에 최초로 형성된 문제들로서, 과학적 지식의 본질과 가능성에 대한 인식론적 문제이다.

논리경험주의자들이 '경험주의자 언어(empiricist language)'를 구축하려고 했던 프로젝트도, 지식을 확실한 토대에 올려놓고자 했던 데카르트(René Descartes)의 이상을 계승한 것이라고 볼 수 있다. 툴민(S. Toulmin)은 근대정신의 시점을 17세기 초반보다 앞당겨 잡음으로써, 근대 세계와 근대 문화가 두 갈래의 기원을 가짐을 주장한 바 있다. 근대의 두 번째 단계에서 근대철학과 엄밀한 철학의 탄생은 反르네상스적인 성격을 가지며, 이것이 앞선 단계의 인문주의자들의 열린 마음과 회의적 관용정신, 인문주의적 통찰을 소멸시켜버렸다는 것이다.[18] 이 두 가지 근대 문화 중 데카르트적 과업이 이후 학계를 압도함에 따라, 16세기 회의론자들의 불확실성과 망설임은 이성적 확실성과 증명에 의해 일축된다.

이런 맥락에서 본다면, 20세기 초반 미국 철학의 갈등구조는, 17세기에 과학적, 철학적 근대 세계를 상징하는 인물인 데카르트와 그 이전 르네상스 시대의 문학적이고 인문주의적 근대 문화를 대표했던 몽테뉴(Michel de Montaigne) 사이의 갈등구조를 재현한 것이라 말할 수 있다. 결국 반실용주의와 초기 분석철학자들에 의한 '과학적 철학'의 득세가, 실용주의자들의 희망이나 예측과는 거꾸로, 데카르트의 문제들을 되살려 놓은 셈이다.

이렇게 20세기 초반기의 '**철학 전문화**(professionalization)' 쟁점을 둘러싼 실용주의자와 반실용주의자의 대결은, 우리로 하여금 철학과 과학의 관계에 대해, 그 관계의 오랜 역사에 대해 돌아보게 만든다. 실용주의는 특정 시기에 출현했다가 소멸한 사상이 아니며, 콰인(W. V. Quine)과 로티 등 현대 미국 철학자들의 사상 속에 내재해 있다. 과학적인 철학에 대해 맞서는 현대 실용주의의 영향으로, 과학적 지식으로 대표되는 '절대적 진리'와 '객관성'에 대한 믿음은 더욱 약화되고, 그것들로 무장한 것으로 여겨지던 전문가의 권위도 같이 추락하고 있다고 보인다.

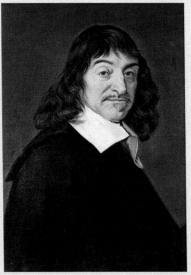

그림 4
몽테뉴(Michel de Montaigne, 1533-1592) vs 데카르트(René Descartes, 1596-1650)
© Wikipedia

'두 문화(two cultures)'의 갈등과 과학주의에 대한 저항

과학자로 대표되는 전문가와 그의 전문지식에 대한 비판과 우려는, 소위 '과학주의(scientism)'라는 지나친 신념에 대한 공격과 얽혀있다. 과학주의를 둘러싼 논란에는 또 상존하는 두 가지 문화의 대립과 그 각각에 속한 지식인들 사이의 갈등이 연관되어 있다.

과학이 왜 문제가 되는가? 그것은, 과학이 종교와 형이상학의 신화적 사고를 대체하고, 실증적 지식을 줄 수 있다는 콩트(A. Comte)의 기대와 달리, 과학 자체가 우리 시대의 가장 강력하고 지배적인 신화로 자리 잡고 있는 현상 때문이다. 또 그렇게 말할 수 있는 이유는 현대인들이 과학 그리고 오직 과학만이 인간과 세계에 대한 궁극적 진리를 준다고 믿는 경향이 있기 때문이다.

과학이 자체 이론체계 내에 갖고 있을 수밖에 없는 형이상학적 사변이나, 경험적으로 동치이면서 논리적으로 양립불가능한 복수의 이론이 존립가능함을 말하는 '과학이론의 경험적 미결정성(empirical underdetermination)'은 간과되고 있다. 그런 점을 도외시하기 때문에 대부분의 과학자와 또 일반인(비과학자)들은 과학적 지식이 실제보다 더 확실한 토대를 가지고 있다고 믿는다. 이것은 '과학의 신화화'로서 사상가들에 의해 '과학주의'라고 명명된다.

과학이 '신화'가 된 정확한 시점을 말하는 것은 쉽지 않다. 과학은 17세기 즈음에 자연 세계에 대한 지식의 기준이 확립되면서, 그리고 '과학혁명'이라는 칭호가 역사가들에 의해 나중에 붙으면서 현재와 같은 문화적 권위를 누리게 되었다. 중세와 르네상스를 통해 자연에 대한 해석은 단지 철학이라는 총체적 작업의 한 부분이었다.

과학과 인문학을 가르는 문화적 지도는 18세기 계몽주의 시대 그리고 이후 18세기 말과 19세기 초 낭만주의 시대에 각각 다르게 즉 과학주의적으로 또 반과학주의적으로 그려진다. '과학자'라는 단어가 1830년대에 등장한 이후에도 과학자들은 교육과정에서 다른 문화권과 동등한 대우를 받기 위해 애써왔다. 과학과 과학자의 위상이 확고해진 것은 18세기 후반에서 20세기 초에 산업혁명이 일어난 다음의 일이다.

과학(자)과 비과학(자)의 관계나 위상과 관련해 이제까지 가장 널리 알려진 문제제기는 스노우(C. P. Snow)가 1959년 케임브리지에서 했던 〈리드 강연 Rede Lecture〉이다. 리드 강연은 16세기 대법원장이었던 로버트 리드(Robert Rede) 경의 이름을 따서 명명된, 케임브리지의 공개 강의다. 스노우는 당시의 문화 상황 즉 '문학적 지식인(literary intellectuals)'의 우월적 상황에 대해 묘사하고 염려했던 것으로 필자는 본다. 일견 스노우의 『두 문화』는, 과학적 문화와 인문적 문화(전통적 문화) 사이에 깊은 골이 있고, 두 문화에 속하는 지식인 사이에 심각한 의사소통 부재 현상이 있으며, 그것은 교육개혁을 통해 시정되어야 한다는 표면적으로 온당한 테제를 제시한 것으로 보이기도 한다.

하지만 스노우가 두 유형의 지식인들 사이에 반목을 오히려 부추긴 측면도 있다. 필자가 그렇게 보는 이유는 그가 과학과 인문학의 가치에 대한 공정한 인식에 기반해 실제적인 대안을 제시하였다기 보다는, 과학적 문화를 예찬하고 한편으로 당시의 인문적 지식인을 매도하는 묘사를 여러 곳에서 하고 있다는 데서 비롯된다.[19] 스노우는 과학자의 열정,

낙관주의와 대비시켜, 모더니스트 작가들이 정치적으로 사악했다는 의구심을 보인다. 이 점은 다음과 같은 발언에서 확인할 수 있다.

"과학적 문화는 지적인 의미에서뿐만 아니라 인류학적 의미에서 진정한 문화다."

"... 전통적 문화는 미래 같은 것은 존재하지 않았으면 하고 바라는 반응을 보인다. 전통적 문화는 미래라는 과학적 문화의 출현으로도 별반 상처를 입지 않고 여전히 서구사회를 지배하고 있는 것이다."

"(과학자의 문화는) 엄밀하며, 또한 언제나 활동적이다. 그들의 문화 속에 들어있는 논의는 문학적인 논의에 비하면 보다 엄밀하고 대개의 경우 그 사상적인 수준이 높다."

"문학적 지식인은 말하자면 타고난 러다이트(luddite)들이었다."

스노우의 시각에 의하면 서구의 지식인들은 산업혁명을 이해하려고 힘쓰지도 않았고 원하지도 않았으며 또 할 수도 없었던 사람들로 결정적으로 규정된다. 스노우의 작가들에 대한 매도와 과장에 격분해 문학 평론가였던 리비스(F. R. Leavis)가 반박을 했지만, 스노우에 대한 인신공격과 스노우가 쓴 소설에 대한 혹평으로 초점이 흐려져 오히려 무력하게 되고 말았다.

두 문화 사이의 대립에 대해 스노우가 내린 진단과 처방은 과학 교양교육의 진흥, 고전 교육의 축소 의도와 관련된 영국 지성계의 기존 쟁점을 다시 재연시킨 것에 불과하다. 영국의 문화사에서 낭만주의 대 공리주의, 콜리지(Coleridge) 대 벤담(Bentham), 아놀드(M. Arnold) 대 헉슬

그림 5
스노우(C. P. Snow, 1905-1980) vs 리비스(F. R. Leavis, 1895-1978)
© https://ursuladeyoung.com
© https://reference.jrank.org

리(T. H. Huxley)의 대립이 그 대표다. 헉슬리는 1880년 전통적인 고전 교육의 수호자들에게 도전했고, 과학이 문화의 일부를 구성했으며, 엄격한 정신적 훈련을 제공했을 뿐 아니라 국가 복지에도 독립적으로 기여했다고 주장했다. 아놀드는 1882년 〈리드 강연〉에서, 헉슬리의 문학/ 과학 교육의 이분법을 공격했고, 언어와 역사연구가 학문(과학)의 분야가 될 수 있다고 반박했다. 상반된 기질을 가진 이 두 사람 사이의 논쟁은 스노우와 리비스의 분열을 예견하는 것이었다.

스노우는 과학자의 입지 상승을 의도하려는 목적이 있었으며, 과학자에 대한 비과학적(인문적) 교양의 증가보다는 비과학자에 대한 과학적 교양의 증가가 더 절박한 문제라 믿는 어조가 분명해 보인다. 『두 문화』는 과학과 전통문화 사이의 관계가 무엇이어야 하는가를 묻는 데서 나아가 학교와 대학의 교육과정이 어떻게 조정되어야 하는가를 물었고, 부국이 빈국을 어떤 방법으로 도와야 할지, 인류의 미래에 무슨 희망이 있는지를 물었지만 언제나 그 열쇠는 과학, 구체적으로 과학 교육에 의한 과학적 성취의 확산이었다.

그러나 스노우가 냉전 시대에 내린 예측은 지금은 유효하지 않다. 사태는 더 복잡해졌다. 21세기 현행 과학은 그가 『두 문화』를 구상하거나 쓸 당시와 상당히 다르며, 과학문화의 양태뿐 아니라 이와 밀접한 관련을 갖는 인문학의 위상도 크게 달라졌다. 과학은 더욱 성공을 거두었으나 반면, 과학 내부의 반성과 외부의 비판 또한 치열해져서 과학이 현대사회의 유일한 해결책이라 생각되지는 않는다.

그런데도 자연과학이 인간의 앎 중 가장 가치 있는 부분이라는 신념 또한 여전히 강력하게 유지되고 있고, 인간의 믿음, 행동을 자연과학의

한 분야에 의거해 설명하려는 방법론적 자연주의도 계속 주창되고 있다. 과학에 대한 도전과 과학에 대한 추종 즉 두 문화의 갈등이 20세기 말 유전공학의 발달, 정보화의 가속화와 더불어 더욱 깊어진 듯하다.

스노우의 강연은, '지성(인)'의 명칭을 오직 인문학자들이 독점하고 있는 현상에 대한 적개심과 질투의 표현이라고 해석될 수 있다. 1930년대 당시 영국에 새로 대두하는 계층에 대한 긍정적 묘사와 문학적 지성인에 대한 적대적 묘사가 선명한 이유가 바로 그것이다. 이후 스노우의 강연과 논문을 둘러싸고 격렬한 논쟁과 재평가가 이어졌지만, 21세기 초반인 지금도 인문학자들의 과학에 대한 무지와, 지성에 대한 인문학자들만의 해석에 대해 과학자들이 보이는 불쾌감은 여전하다. 몇 명의 과학자들의 표현을 살펴보자. 그들은 대표적인 생물학자, 심리학자들이다.

> "제3의 문화는 대단히 힘 있는 발상이다. 인문 지식인들 사이에서는 그들만이 지식계와 평론지들을 점해야 한다는 음모도 있는 것 같은데.."
>
> (굴드 S. J. Gould)
>
> "나는 가끔씩 지성 매체란 것은 인문 지식인들에 의해 공중납치되고 있다는 피해망상증 비슷한 생각에 빠져들 때가 있다."
>
> (도킨스 R. Dawkins)
>
> "영국 지식인 계급들은 문화가 그들의 손을 통해 흘러가야 한다는 얼토당토 않은 편견을 가지고 있다."
>
> (험프리 N. Humphrey)[20]

이런 발언들은 아직도 과학(자)에 굴복하지 않고 있는 인문학자를 겨냥한 것이다. 그것은 과학기술의 성취에 충분히 감사하고 경배하지 않는 습성과 태도 즉 인문학적 문화(literary culture)에 대한 조롱이다. 이들이 말하는 소위 '제3의 문화'라는 것도 그들만의, '대중화된 과학문화'를 일컫는 것 같다.

지성사에서 우리는 과학주의자들이 (자기들 눈으로 보기에 '반동적인') 인문학자들을 계몽시키기 위해서 일으킨 몇 차례 물결을 확인할 수 있다. 맨 처음 과학주의는 '정신과학의 뉴턴'이 되고자 한 18세기 계몽운동가들의 열망이 표현된 것이라 할 수 있다. 인간적 사건에 대한 연구도 자연 세계를 이해하는 연장선상에서 볼 수 있다고 여겨졌다.

다음 세기에 콩트(A. Comte)도 근대과학의 성공을 예찬하면서 실증주의(Positivism) 철학을 내세운다. 과학적 방법으로 검증된 것에만 인식적 자격을 부여하는 이 실증주의는 20세기 초반 논리적 경험주의(Logical Empiricism)에 계승된다. 프레게(G. Frege), 러셀(B. Russell), 카르납(R. Carnap)의 목표는 모든 영역을 가로지르는 하나의 방법론, 하나의 통합된 학문을 만들어 내는 것이었다. 그 계획은 과학의 전형으로 여겨지는 물리학에 대한 이상주의적 관점이라 할 수 있다. 그러나 과학자를 위한 인공언어 즉 경험주의자 언어를 구성하려는 계획이 실패하면서, 또 그 계획이 품고 있는 환원주의라는 도그마가 콰인(W. V. Quine)에 의해 비판을 받음으로써 논리경험주의는 소멸하게 된다.

이 과학주의 철학의 대두에 대해 퍼트남(H. Putnam)은 다음과 같이 그 연유를 설명한다.

우리가 기꺼이 과학이라고 부를 수 있는 영역 밖에서는 지식과 이성의 가능성조차 인정할 수 없을 정도로 과학의 성공에 최면화된 철학적 경향이 우리의 문화에 출현하게 되었음은, 과학이 우리의 문화 일반에서 점점 엄청난 특권을 차지하고 대신에 종교, 절대 윤리, 초월적 형이상학 등은 점차로 그 세력을 잃어 감을 볼 때 당연히 예상되었던 바이다. 그리고 내가 보기에 과학이 문화 일반에서 특히 높은 위치를 차지하게 되었음은 종교, 윤리, 형이상학 등에서나 볼 수 있는 결말도 해결도 없는 논쟁들이 과학에서는 찾아볼 수 없는 듯하다는 사실 이외에도, 과학이 도구적으로 엄청난 성공을 거두었다는 사실에 기인하고 있다.[21]

위의 분석이 맞다면, 과학주의는 무엇보다도 과학의 기술적 성공에 대한 경외심에서 비롯한다. 우리는 산업혁명, 전자혁명, 유전공학 등 끊임없는 기술적 혁명들의 연속 속에 살고 있다. 그리고 이런 과학의 성공은 과학적 방법의 성공이며, 과학적 합리성이 유일한 합리성으로 간주된다.

그렇지만 한 가지 경직된 과학적 사고의 모형을 강요하는 논리실증주의 과학철학은 이미 쇠퇴했다. 탈실증주의 과학철학자(post-positivists)들은 과학의 이론화와 정당화 과정에서 경험 이외의 요소들이 개입하는 여지를 설명했다. 이것은 논리실증주의자 내부에 있었던 노이라트(O. Neurath), 동시대의 핸슨(N. R. Hanson) 그리고 그 이후의 콰인, 퍼트남, 굿맨(N. Goodman), 파이어아벤트(P. Feyerabend), 쿤(T. Kuhn) 등이 했던 서로 상이한 작업에 기반한다. 그렇지만 통일과학운동의 이상은 완전히 그 불씨가 사그라졌다고 볼 수 없다. 윌슨(E. O. Wilson)의『사회생물학 Sociobiology』(1975)도 또한 그 계보에 서 있지 않은가 생각한다.

과학 방법론의 신화가 실패했다는 널리 퍼진 인식에도 불구하고, 철학 내부에서는 다른 문제 즉 철학의 정체성 문제와 관련해 새로운 형태의 과학주의가 나타나고 있다. 예컨대 인식론은 "심리학의 한 장(章, chapter)"이 되어야 한다는 콰인의 자연주의(naturalism)도 그러하다.[22] 콰인의 자연주의는 철학을 자연과학에 '연속적인(continuous)' 작업으로 주창하는 것이다. 그런데 분석철학의 태동에 결정적 역할을 했던 루트비히 비트겐슈타인(L. Wittgenstein)은『논리-철학 논고』4.111에서 "철학은 자연과학에 속하지 않는다('철학'이라는 말은 자연과학 곁이 아니라 그 위 혹은 아래에 놓이는 어떤 것을 의미해야 한다.)"라고 말한 바 있다. 철학의 위상에 대한 비트겐슈타인의 '메타 철학(meta philosophy)'의 이념에 대해 콰인은 반동적인 착상을 한 셈이다.[23]

이렇게 현대철학의 주류를 이루는 미국 철학은 그간 심각하게 과학주의적 편향을 보여왔다. 한편으로 과학주의를 급진적으로 해체하려는 로티(R. Rorty)와 굿맨의 시도가 있지만 더욱 중도적인, 적절한 대안을 마련하려고 하는 철학자가 퍼트남이다. 퍼트남의 언어철학, 과학철학, 심리철학은 모두 과학주의의 대안을 마련하기 위한 작업이었다고 볼 수 있는데, 특히『이성, 진리, 역사』(1981)와『과학주의 철학을 넘어서』(1992)에 그런 노력이 집약되어있다.

분석철학 진영 내부의 물리주의와 자연주의 같은 유물론적 경향과 동시에 유럽의 상대주의적 경향을 모두 비판하는 퍼트남의 목적은 새로운 철학의 모습을 조망하기 위해 환상을 벗어나는 것이다. 이중 하나는 철학이 과학적이 되려는 환상, 유사과학의 환상이고, 다른 하나는 어리석게 형이상학적인 유사 정치학의 환상이다.

퍼트남은 비트겐슈타인과 듀이(M. Dewey)야말로 대안을 제시하며, 한 철학자가 과학주의자 혹은 (반대 극단의) 무책임한 형이상학자가 되지 않고도, 어떻게 우리가 다양한 삶의 양식을 볼 수 있게 이끌 수 있을지를 보여준다고 말한다. 퍼트남에 의하면 과학주의는 다음 두 명제로 표현된다.

1) 과학 그리고 오직 과학만이 세계를 조망과 무관하게 그 자체로 존재하는 것으로 기술한다.
2) 형이상학적 문제들에 대한 과학적 해결책의 궁극적 윤곽을 그리는 일이 철학에 남겨진 과제의 전부다.

우리가 물리학, 생물학, 컴퓨터 과학의 영향을 받은 형이상학적 그림을 공격할 경우, 그것은 흔히 과학에 대한 공격으로 여겨지는 경향이 있다. 그러나 퍼트남의 주장은, 과학이 제공하는 유용한 지식을 철학이 필요로 하지만, 철학적 물음과 과학적 물음은 실제로 다르다는 것이다.

물리학이 자유의지의 본성에 대한 수수께끼를 풀지 못하며 두뇌 과학이 귀납과 언어학습을 설명하지 못한다는 사실이 물리학이나 두뇌과학 자체에 결함이 있음을 의미하지 않는다. 이와 마찬가지로, 진화이론에 의해 정신 안에 있는 것이 밖에 있는 어떤 것에 대한 표상일 수 있는가 하는 칸트의 난제가 해결되지 못한다는 사실은 진화이론이 어떤 결함을 지니고 있음을 당연히 의미하지 않는다.[24]

인간에 대한 과학주의적 유물론은 인간에 대한 해석 및 모든 여타 과학이 궁극적으로 물리학으로 환원되거나 또는 적어도 물리적 세계상에 의해 통일된다는 견해다. 이 대표적인 예가 인공지능 프로젝트, 진화론적 지칭이론 등이다. 문제는 인간의 언어와 사고, 정신을 물질로 환원하려는 사고방식 자체다.

다른 한편에서는 신경과학에 의해 심리를 유물론적으로 설명하려는 입장이 있다. 심리상태와 감정, 의도에 대한 우리의 일상적인 이야기, 즉 통속심리학(folk psychology)을 잘못된 것으로 간주하는 입장이다. 신경과학이 완전히 발달되면, 이원론, 자유의지 같은 것을 함축하면서 신념, 감정, 욕망과 같은 애매한 범주, 즉 자연종이 아닌 용어를 사용하는 통속심리학에 의존하지 않고서도 인간의 모든 행동을 예측할 수 있기 때문이다. 통속심리학은 정확한 기술도 아니고, 이유와 정신상태를 사용해 행위를 설명하려 시도한다. 그 설명은 물리학의 설명에 비해 체계적이지도 정확하지도 양화되는 것도 아니다. 그러므로 통속심리학적 이야기들은 설명을 목적으로 하는 경우 제거될 수 있다.

이렇게 통속심리학을 비판하는 제거적 유물론(eliminative materialism)에 따르면, 정신상태는 신체적인 즉 물질적인 상태의 수반현상이다. 신체 상태에 변화가 없다면 정신상태에 변화가 있을 수가 없다. 통속심리학의 용어와 신경생리학의 용어 사이에 엄밀한 번역이 결여되어 있기 때문에 통속심리학의 설명은 오류라고 보는 것이다.

그러나 이러한 제거적 유물론은 그 설득력이 의심스럽다. 우리의 모든 신체적인 행위를 예측하고 설명하는 신경과학은 아직 존재하지 않으며, 물리적 상태에 의한 의식의 설명이 어떠한가도 명백하지 않다. 물질과 경험 사이에 존재하는 간극이 어떻게 메워질 수 있는가도 불분명하다. 물리적 상태에 대한 심리상태의 수반이 그 설명의 일부이기 때문에 그 설명은 제거될 수 없다. 물론 고통과 같은 심리상태를 물리적 상태로 설명하려는 시도가 잘못이라거나, 미래 신경과학이 신체 행동을 예측할 수 없다는 뜻은 아니다.

그리고 이 제거적 유물론은 철학적 형이상학의 한 부분에 지나지 않는다. 이 형이상학적 사변을 인간에 대한 참된 과학적 접근방법으로 간주하려는 경향이 있고, 이에 반대하는 사람을 반계몽주의적 반동으로 보는데, 사실은 그것이야말로 과학주의의 한 모습이다. **과학의 신화화**는 과학의 방법만이 우리에게 모든 현상에 대한 완전한 설명을 제공할 수 있다고 믿는 신념이다. 그러나 과학이론이 안고 있는 한계를 고찰하면, 그 주장이 비반성적임은 곧 드러난다.

정신과 인간, 인간의 삶의 문제에 대해 과연 어떤 것이 합리적 접근방식인가 하는 문제에 있어 특정한 형이상학적 태도를 취하는 학적인 태도 때문에 과학은 우리 시대의 지배적인 신화의 역할을 한다고 볼 수 있다. 신화의 기능 중 하나는 어떤 집단이나 문화에게 세계에 대한 포괄적인 관점과 태도를 제공하는 것이기 때문이다. 그러나 특정한 잘못된 믿음, 도그마 없이도 즉 특유의 환원주의나 유물론적 태도 없이도 과학을 실천하는 것이 가능하다는 점이, 과학이 종교 또는 마르크스 주의 같은 신화와 다른 점이다.

우리는 제대로 실행되어야 할 과학과 과학주의를 구별해야 한다. 살아 있는 인간의 경험을 격하시키며, 우리가 장구한 기간에 걸쳐 발전시켜온 가치와 의미체계를 말살하려는 경향을 가진 꽁트적 진보주의, 과학주의를 과학과 명확하게 구별할 수 있느냐에 우리 문화의 건전함이 달려있다고 말할 수 있다. 방법론적 환원주의나 유물론과 같은 과학주의를 버린다고 해도 여전히 과학적 실천은 별개로 유지될 수 있다.

과학의 방법을 맹종하며 또 기술을 인류의 친구로 여기는 시대에 과학과 기술은 여전히 위험할 수 있다. 이것을 깨우쳐주는 것이 문학과 예술, 그리고 철학 즉 인문학의 임무다. 또한 과학주의를 타개하기 위해서는 과학의 본질과 한계를 가르치는 과학사와 과학철학 교육과 더불어 인문학의 교육이 긴요하다. 그래서 다음 스노우의 강연 말미의 말은 여전히, 그러나 다른 의미에서 유효하다.

하지만, 분별 있는 사람이 할 수 있는 단계가 있다. 이 문제에 대해서 교육이 모든 것을 해결한다고 보지는 않지만, 교육을 제쳐놓고서는 서구는 대항조차 할 수 없는 것이다. 모든 화살은 같은 방향을 가리키고 있다. 우리들의 두 문화 사이의 간격을 메운다는 것은 가장 실제적인 의미에서나, 가장 추상적이고 지적인 의미에서나 필수 불가결한 과제인 것이다. 이 두 문화가 갈라진다면, 어떠한 사회도 지혜롭게 사고할 수가 없게 될 것이다. …… 그렇다면 지금이야말로 시작할 때가 아닌가? 위험한 것은 우리가 이 세계에서 얼마든지 시간을 가진 듯이 생각하는 교육을 받아왔다는 데 있다. 우리에게 남겨진 시간은 아주 적다. 그처럼 적기 때문에 나는 함부로 말하지 않으려고 한다.[25]

우리는 물론 지난 300년간의 과학의 성취를 부정해서는 안 될 것이며, 또 그렇게 할 수도 없을 것이라는 점을 인정해야 한다. 다만 우리가 해야 할 것은 과학만능주의의 폐해의 실상을 손으로 가리키는 것이며, 또한 인문주의 정신의 회복이 어떤 역할을 할 수 있는가를 설득하는 일이다. 현재 '과학'은 아직도 문예비평과 가장 대립되는 것이라 생각되긴 하지만, 물리학 또는 생물학으로 대표된다고 보기 어렵다. 20세기 말 이래 대부분 과학이라고 간주되는 것은 사심 없는 공평한 탐구라기보는 제약회사, 항공우주 산업체 등과 같은 회사들의 산업 전략의 일부로서 이해된다.

스노우는 틀렸고, 그의 시대에도 그는 잘못된 방향을 제시했다. 스노우 저술 이래로도 물리학 또는 화학 교육이 역사나 철학교육보다 세계 문제를 해결하기 위한 준비에 더 유용하다는 것이 더 이상 분명해지지 않았다. 또 현재 세계의 문제는 냉전 종식에도 불구하고 민족주의, 미국의 일방주의, 종교적 근본주의 등 비현대적 충동에 의해 더 분열되고 있다. 이 모든 갈등이 과학적, 기술적 개선에 의해 제거될 수는 없다.

여기서 필자가 과학에 대한 지나친 믿음 즉 과학주의를 비판함으로써 지난 300 여년 간의 과학의 성취와 그 유용성을 부정하려는 것이 아니다. 포스트렐(V. Postrel)은 포퍼(K. Popper)의 표현을 본떠서, 창조, 진취, 진보의 발목을 붙잡는 사람을 '미래의 적'으로, 안정론자로 규정한 바 있다. 변화론자는 시장, 과학, 민주주의 신봉자들이다.[26] 우리가 감히 '미래의 적들'로 분류되어 오해와 규탄을 자초하려고 나설 필요가 있겠는가?

서구에서 예술의 전성기는 그리스, 르네상스 시대의 이탈리아, 엘리자베스 시대의 영국, 그리고 왕정복고 시대였다. 그곳은 기술적으로 가장 진보하고, 창의적이며, 발전의 모험으로 가장 흥분해 있던 곳이다. 위대했던 시대는 기술적인 복지와 예술과 과학이 모두 하나였다. 스노우와 마찬가지로 브로노프스키(J. Bronowski)도 과학이 문화임을, 예술과 마찬가지로 과학 활동에도 창조성이 개입됨을 주장한다.

브로노프스키는 "주판과 장미: 두 세계 체계에 대한 새로운 대화"에서 과학자 포츠와 문학적 지식인 하핑의 대화를 구성해 보여준 바 있다.[27] 대화는 보수주의자인 에드워드 경 앞에서 과학자인 포츠가 문학적 지식인인 하핑을 시종일관 압도하는 논의를 펴면서 진행된다. 주판과 장미(의 결합)이라는 은유는 대화 말미의 시에 나온다. 어쨌든 브로노프스키도 스노우와 마찬가지로 '주판'이 더 역할을 할 수 있다는 어조인것은 분명하다. 필자는 그의 은유를 사용해, '주판'만이 아니라 '장미'도 역할을 하기를 바란다. 미래에 대한 논의에 과학과 예술과 인문학이 결합해서 힘을 발휘하기를 바라는 것이다.

포스트모던 과학비평과 페미니스트 인식론의 대두

이제 전문지식의 전형으로서의 '과학'이 어떤 것인가에 대해 본격적으로 초점을 맞춰보자. 과학의 이론화와 정당화 작업에 대해서도 그동안 많은 내외부적인 반성이 있었다. 이 비판과 반성 중에서도 과학과 과학자의 위상을 가장 크게 흔든 것은 포스트모던 과학비평이었다. 이

중에서도 페미니스트의 '다른 과학'에의 요구는 커다란 논란을 불러일으켰다. 과학은 정치나 도덕의 근본문제와 분리될 수 없는 다른 여러 문화 활동 중의 하나일 뿐이다. 과학 지식의 구성은 문화적으로 변화하는 규범에 의존할 수 있다. 이는 다음 세 종류의 포스트모던 과학비평을 통해 제기된다.

첫째, 과학사가와 과학사회학자들의 작업에 의한 과학의 이미지 변화이다. 대표적으로 쿤은 과학이 정상과학기와 과학혁명기로 나뉘며, 과학혁명기의 이론교체는 합리적 반증에 의해서가 아니라, 종교의 '개종'과 같은 비합리적 선택 즉 패러다임 전환에 의해 이루어진다고 말했다.[28]

둘째, 페미니스트 과학비평에 의한 과학의 이미지 변화다. 하딩(S. Harding), 켈러(E.F. Keller), 로이드(G. Lloyd) 등은 과학의 이데올로기가 호소하고 있는 이성 개념의 남성주의적 편견을 공격해왔다. 특히 과학에서의 성적 언어, 성의 상징적 작용의 역할에 대해 연구함으로써 과학의 젠더화를 비판했다. 특히 켈러는 성의 은유가 과학이론 구성과 연구에 영향을 준 것을 밝혔는데, 유전자에 대해 성차를 은유한 '유전자 작용 담론'이 그 예다.[29] 이런 비평은 과학의 숨겨진 남성성, 과학 언어의 억압 등을 보여줌으로써 과학의 객관성을 약화시킨다.

셋째, 로티(R. Rorty)와 같은 신실용주의자에 의한 과학의 이미지 변화다. 로티는 은유적 의미 즉 인지 내용을 부정하는 소위 비인지주의와, 과학에서 은유의 본질적 역할에 대한 여러 학자의 은유론을 결합해 사용한다.[30] 과학을 기술하는 새로운 방법을 찾아야 한다고 로티는 말하는데, 과학도 다른 저술형태와 같은 종류의 수사적 전략, 문학적 비유,

그리고 불안정한 의미를 포함하고 있는 하나의 담론(discourse)으로 간주된다.

로티는 자신의 입장을 실용주의라고 말하고, 과학의 '합리성 물음' 같은 것이 이해될 수 없을 것 같은 그런 문화를 바란다고 말한다. 실용주의자란 '객관성에 대한 열망', '우리가 우리 자신들과 동일시하는 공동체 그 이상의 실체와 접촉하려는 열망'을, '공동체와 연대하는 열망'으로 바꾸고 싶어하는 사람이다.[31] 과학자가 지닌 유일한 덕목은 힘보다 설득에 의존하는 습관, 동료의 의견을 존중하는 습관, 새로운 자료와 생각에 대한 호기심과 열정의 습관 등이다. 이 도덕적 덕목보다 '합리성'이 위에 있다고 말할 수 없다. 과학이 본보기일 수 있다면, 과학이 인간연대의 모형으로서, 다양한 과학적 공동체를 이루는 제도와 실습들이 문화의 나머지 부분이 조직화되는 방법을 암시해주기 때문이다.[32]

이 중에서 로티의 견해는 기존 과학과 과학상에 대해 가장 과격한 입장이다.

그 위대한 과학자의 이미지는 수사학을 제대로 파악한 사람의 이미지가 아니라, 수사학을 새롭게 만든 사람의 이미지다. 그 새로운 수사학은 로마의 시와 사회주의자의 정책에 대한 어휘들에 더 의존하고, 희랍의 형이상학, 종교적 도덕성, 또는 계몽주의 시대의 과학만능주의에 대한 어휘들에는 덜 의존할 것이다. 과학자는 이성의 빛의 안내를 받아 환상의 베일을 뚫고 나가는 자신의 그림보다는, 자기 직업의 나머지 부분과의 연대라는 의미에 의존할 것이다.[33]

이렇게 과학에 대한 기존 이미지를 둘러 엎는 주장들이 현대인들의 과학에 대한 맹종을 깨뜨릴 수 있을까. 로티의 바람대로라면 그 모든 일이 일어나서 '과학'이란 용어도 점차로 사라질 것이고, 인문학과 과학 사이의 대립도 차츰 사라질지 모른다. '과학'에 대한 존경의 의미가 사라지면, 학문의 분류에 과학이 필요하지도 않을지도 모른다. 지금 '과학자들'로 불리는 사람들이 더 이상 자신을 유사 성직자 반열의 구성원으로 생각하지 않을 것이며, 대중들도 그들의 보호를 받고 있다고 생각하지 않을 것이다. 마찬가지로 '인문학'이든 무엇이든 자기 학문의 본질과 지위에 대해 자각할 이유가 없게 될 것이다.

그러나 무엇보다도 위 세 가지 주장은 아직도 논쟁 중이다. 그 입장들이 과학의 합리성과 객관성에 대한 믿음을 어느 정도 훼손할 수는 있겠지만, 많은 사람의 동의를 얻기에는 너무 극단적인 듯하며 아래와 같이 문제점을 지적할 수 있을 것이다.

첫째, 쿤과 과학사회학자들의 지적은 지나치다. 과학 자체는 그 내적인 구속으로서 그 이론이 자연과 일치해야 한다는 주장을 계속해야 한다. 물론 자연과 이론과의 경험적 적합성만으로는 이론선택이 유일하게 결정되지는 못한다. 그러나 어떤 이론이 자연과의 적합성을 갖지 못한다면, 그 이론은 완전히 폐기될 것이다. 이런 사실로부터 어느 정도의 과학적 합리성, 정당화의 맥락은 주장할 수 있다. 과학은 역사 또는 사회학으로 완전히 함몰될 수는 없다.

둘째, 생물학 담론에서 '성의 은유'가 탐구전략으로 사용되었음에 동의할 수 있지만, 그러나 이것이 여성주의자가 말하는 이른바 '다른' 과학의 가능성을 옹호하게 만들지는 못한다. 물론 과학은 그동안 무시되어온 여성의 경험과 지식을 수용해야 한다. 그러나 여성주의 과학에 대한 기대는 역사적으로 과학에서 여성을 배제해온 바로 그 성차, 많은 페미니스트들이 부정하려고 애썼던 젠더 개념에 의존한다는 방법론적 문제점을 안고 있다. 과학적 탐구가 성적 은유에 의존하는 것은 사실이지만 그 이유에서 현행 과학이 부정되어야 한다고 주장하는 것은 지나치다. 그것은 근대과학의 해방 기능을 전면 부정하고, 진리의 중재를 이데올로기로 분해해 버린다는 점에서 설득력이 없다.

셋째, 로티의 주장은 과학에 대한 극단적 해석 즉 과학의 문학 장르화를 주장한다는 점에서 지나치다. 로티는 객관성 개념보다 공동체를 유지하고 개선하려는 것 즉 문명을 보존하고 향상시키는 목적을 수행하려는 노력이 바로 공동체의 합리성이라 말했다. 그러나 이런 주장은 공동체 밖으로 걸어 나가 중립지점에 도달할 방법이 없음을 말할 것이기 때문에 당연히 상대주의라는 공격에 취약하다. 합리성의 기준이 개념 체계나 공동체의 규준에 초월적일 수도 없지만, 공동체에 완전히 종속적일 수도 없다. 예술 또는 문학과는 달리 과학에는 자연에 부합되어야 한다는 요구가 있고, 이것이 다른 인간 활동과 차이점이며 과학에 객관성을 부여한다는 것이 대부분 학자들이 동의하는 바다.

과학사가, 페미니스트, 그리고 신실용주의자의 관점에서 제시된 비판들은 과학의 한계에 대한 반성을 불러일으킨다. 그러나 '다른' 과학을 말하거나 과학 전체를 부정하는 입장은 자기 파괴적이다. 이런 주장들은 과학의 유효성을 설명하지 못하는 입장이다. 물론 거꾸로, 오직 과학의 유효성으로 전통적인 형태의 과학을 정당화할 수는 없지만 말이다. 그보다는 과학을 다른 각도에서 비판하고, 탈신비화하는 작업이 더 중요할 것이다. 과학의 비합리적 발전과정을 반영하는 점에서 충분히 급진적인, 그러나 과학의 성취와 유용성을 부정하지는 않는 온건한 과학론 즉 '신화 없는 과학' 이념이 필요한 것이 아닐까. 이를 위한 대안은 이 책의 2부 "전문지식의 생태학"과 3부 "공동체 지식론"을 통해 모색해 보고자 한다.

2장
전문성 붕괴의 원인과 양상

1장에서 살펴본 지성사적인 흐름을 떠나서 볼 때, 전문성의 붕괴, 전문지식의 죽음을 불러오는 직간접적인 원인은 무엇일까? 여기서 우리는 과학의 정치화, 과학자들의 확증편향(confirmation bias)에 주목할 필요가 있다.

이와 더불어 닐 포스트먼(N. Postman)이 말한 "테크노폴리(technopoly)의 '문화적 에이즈'라는 병"이 가져온 위해에 대해 인정해야 한다. 테크노폴리는 과학과 기술의 신격화로 빚어지는 문화인데, 이것이 불러온 질병적 양상에 대한 비판이 전문지식에 대한 경고음으로 작용하였다고 볼 수 있다.

일반인들이 누구라도 구글을 통해 손쉽게 전문적 지식과 정보에 접할 수 있게 되며, 또한 위키피디아(Wikipedia)가 보여주듯 훈련을 받지 않은 비전문가들이 지식 생산자가 될 수 있게 됨으로써, 전문가의 지위는 더 추락하게 된다.

과학의 정치화, 과학자의 확증편향

앞 장에서 살펴보았듯이 과학의 방법은 우리가 믿듯이 절대적으로 확립되어 있는 것이 아니었다. 과학에서도 은유와 상상력이 작동하며, 이론화에 정치적이고 성적인 이데올로기가 개입할 수 있다. 이론의 선택에서도 비합리적 요소나 미적 가치가 작용할 수 있다. 어떤 지식이 '과학적'이라 불리기 위해 갖춰야 할 형태의 특성을 명시하려는 과학철학자들의 노력이 있었으나, 어떤 것도 광범위한 동의를 얻는 데는 실패했다.

과학이라 불려온 활동이 모두 실험적 방법에 의해 진행된 것도 아니었고, 검증이나 반증의 원리를 만족시킬 수도 없었고, 과학 지식이 누적적인 것도 아니었다. 그러나 이렇게 철학적으로는 '과학'과 '비과학'을 구별하는 데 어려움이 뒤따르는 데도 불구하고, 과학과 과학자의 범주는 무리 없이 일반인과 전문가에 의해 사용되어왔으며, 그 위엄과 권위도 별다른 손상이 없었다.

하지만 점차 상황은 변화의 조짐을 보이고 있다. 전문가의 지식과 정책에 대한 의심과 비판은, 과학으로서의 의학과 의료기술을 모두 포괄하는 의미에서 '의학' 분야에 가장 두드러지고 있는 것 같다. 그리고 4대강 사업 또 원전의 안전성 논란의 예에서 볼 수 있듯이 전문성에 대한 도전은 '환경 관련 기술' 분야로도 확산되고 있다. 대중은 이제 권위 있는 전문가에게만 '신뢰(trust)'를 보여주는 것이 아니라, 일반 시민이 생산해내는 지식에도 열광하며 적절한 '신용(credit)'을 보여주고 있다고 보인다. 여기서 '시민과학(citizen science)'의 가능성이 싹트기 시작한다.

이제 소위 '과학기술의 시대' 아니, 과학기술에 압도당한 시대에 어떤 부작용들이 만들어졌고, 이에 대한 대중의 인식이 어떻게 성장하고 변화되어 왔는지를 검토할 필요가 있다. 이런 변화를 낳은 사회적이고 정치적인 원인들에 대해서 정밀한 설명과 평가적 분석이 필요할 것이다.

과학과 전문가들에 대한 대중의 태도가 달라지기 시작한 것은, 과학의 정치화에 대한 인식 때문이다. 전문가들의 무의식적 차원에서 작용하는 확증편향(confirmation bias)을 밝히는 심리학연구, 여러 학문적 이론과 실천 분야에서 나타난 전문가들의 수많은 오류사례를 조사하는 연구 등이 그들에 대한 불신을 더 부추겼다.

'확증편향'이란 심리학에서 '스키마(schema)'의 존재와 관련이 있다. 인간은 생물로서 감각기관에서 수많은 정보를 받아들이지만 대부분의 정보는 무의미하고, 어떤 작은 정보조각은 생명을 좌우할 정도로 아주 중요하다. 그래서 그것을 인식하기 위해 데이터를 대폭 압축해야만 한다. 정보가 줄어드는 순간, 우리의 감각 정보의 대부분은 핵심 콘텐츠로 압축되는데 이것이 스키마다. 이야기가 기억되기 위해선 빨리 스키마로 바뀐다. 스키마는 우리 머릿속에 생각이 네트워크로 연결되어 있어 일종의 인지구조를 이룬 것을 가리킨다.

스키마는 사실을 그대로 직접 관찰하는 것을 방해할 수 있다. 스키마가 강력하면 정보를 꾸며내거나, 보지 않은 것을 기억하는 경우도 있다. 우리가 일단 스키마를 지니면, 우리는 그것을 쉽게 강화하고, 실제가 아니라 우리가 보고 싶은 것을 보기 위해, 기존의 견해를 강화한 것을 믿는 경향을 갖게 한다. 이 경향을 심리학자들은 '확증편향'이라 부른다.

전문가들은 일반인들보다 때로 확증편향에 매우 취약한 모습을 드러낸다. 예를 들어 "언제 강남 집값의 폭등이 멈출까?" 같은 질문을 실물경제나 인구, 주택경기에 대한 전문지식이 없는 일반 사람들에게 물었다고 하자. 다른 정치 경제적 미래전망에 대한 질문의 경우와 마찬가지로, 일반인의 예측이 전문가들의 전망보다 훨씬 정확한 것으로 드러날 수 있다.

전문가들은 자신들이 만든 이론에 큰 투자를 하며, 오랜 작업 후엔 자기 이론에 대한 자만에 빠져, 사실을 제대로 보지 못할 수 있다. 확증편향은, "스키마가 침식되지 않도록 막아주는 일종의 보수적인 정신력"[1]으로, 전문가들은 지나칠 정도로 확증편향에 취약하다. 과학자들은 자기 생각에 맞지 않는 무작위적 조합이나 어긋나는 데이터를 버려버리는 경향이 있다. 실제 사실에 맞추어 자기의 스키마를 수정하는 '조절' 작업이, 스키마에 맞추어 세상을 수정하는(자기식으로만 보는, 달리 보는) '동화' 작업과 균형을 이루지 못하고, 후자가 더 강하기 때문이다.

또한 과학자와 그의 이론은 정치에 무관하지 않다. 히틀러가 유태인 과학자들의 핵물리학적 기초를 무시했기 때문에 핵무기를 얻지 못했다는 것, 또 러시아의 농업이 이데올로기적 독단이며 또한 생물학적으로 옳지 않은 뤼셍코(T.D. Lysenko)의 이론 때문에 피폐했다는 이야기를 정치지도자들은 기억하고 두려워한다.[2]

과학자들은 정치적으로 편향되어 있거나, 확증편향으로 인해 잘못된 이론을 구성하고 실험의 결과를 오판하고 예측에도 실패할 수 있다. 이렇듯 전문가에 대한 신뢰가 줄어든 원인으로서, 그들이 다루는 분야에서 일어난 현상과 사태에 대한 원인분석이나 해결책 제시에 있어 그들이 실패한 수많은 사례들을 여기서 계속 지적하는 것은 무의미할 것이다.

전문가로서 겸허한 내부 비판자의 역할을 한 학자들은 많이 있다. 그 중 경제학자 하이에크(F. A. Hayek)는 경제활동의 질서를 자생적 해법에 맡기지 않고 중앙에서 의도적으로 설계하는 시도를 비판했었다. "사회에서 지식의 쓸모"라는 논문에 따르면, 그렇게 의도적으로 지휘할 때 생기는 큰 문제점은, 그 중앙에 '충분한 지식이 존재하지 않는다'는 점이다.[3] 그는 전문가들이 충분한 지식으로 모든 사회적 문제의 해법을 설계할 수 있다고 간주하는 생각을 비판한 것이다.

1974년 노벨상 수상 기념 강연에서도 그는 전문가들의 능력에 회의를 표했다. 노벨상이 경제학에서 아무도 보유할 수 없는 권위를 개인에게 부여하는데, 전문가들은 사회를 의도적으로 설계할 능력이 없고, 자신도 그런 권위가 없는 사람에 속한다고 말했다. 그는 과학, 과학의 잠재력에 대해 다음과 같이 비판을 했다.

그림 6
프리드리히 하이에크(F. A. Hayek, 1899−1992)
© https://www.britannica.com

인간을 다루는 과학에서 겉보기에 가장 과학적인 방법 같아 보이는 것도 가장 비과학적일 때가 많다. 그뿐 아니라 이러한 분야들에게 과학이 성취할 수 있다고 기대할 수 있는 것에는 명확한 한계가 있다.[4]

저명한 외과의사인 아툴 가완디(A. Gawande)가 동료 외과의사들의 엄청난 수술 실수 실상을 알고난 후, 이를 줄이기 위해 실질적인 방안으로 체크리스트 점검을 권했던 사실을 외면하지 말아야 할 것이다.[5] 이런 제안과 비판은, 한 개인으로서 전문가가 자신의 지식을 넘어서는 극도로 복잡하고 불확실한 상황에서도 자신의 지식을 과신하는 관행에 대한 경계의 목소리다.

'테크노폴리(technopoly)'의 문화적 에이즈

과학과 기술의 신격화로 빚어지는 문화를 '테크노폴리(technopolies)'라고 부르며 비판한 학자가 포스트먼(N. Postman)이다. 그는 테크노폴리의 환상이 과학(만능)주의인데, 테크노폴리를 정보의 면역체계가 망가진 것으로 즉 '문화적 반정보 결핍 증후군(에이즈 Anti-Information Deficiency Syndrome: AIDS)'으로 규정할 수 있다고 말했다. 즉 누군가가 "연구결과 입증된 사실은", "현재 과학자들이 말하는 것에 따르면" 등으로 말을 시작할 때, 그가 그 뒤를 이어 어떤 말을 해도 반박을 당하지 않는다는 것이다.[6]

이 테크노폴리의 특징은 과학주의요 기술만능주의인데, 이것은 이 책의 주제인 '전문가주의'의 다른 모습이기도 하다. 이 테크노폴리의 문화 내에서 인문학자는 합법적인 지식 생산자로 여겨지지 않았고 일반인, 여성은 더욱 그러했다.

포스트먼이 지적했듯이 핵심은 학자 아닌 사람들의 삶의 문제며, 이는 인문학자와 과학자 사이의 불화가 아니라, 과학기술과 다른 모든 사람들 간의 불화라고 정식화되어야 할지 모른다. 어떤 정치지도자도 기술적인 성공이 정권 유지에 결정적으로 영향을 미친다는 것을 알기 때문에 과학연구와 그 응용을 방해할 수 없다. 이는 바로 앞의 사례들을 통해 이미 살펴본 바이다. 인류의 역사는 포스트먼의 용어에 의하면 기술주의 문화(technocracies)를 거쳐, 이제 테크노폴리(technopoly)에 이르고 있다.[7]

테크노폴리는 전체주의적 기술주의 문화를 일컫는다. 이 문화는 다른 대안들을 보이지 않게 함으로써 무의미한 것으로 만들어 버리는데, 이를 위해 테크노폴리가 취하는 전략은 종교, 예술, 가족, 정치, 역사, 진리, 프라이버시, 지성 등의 의미를 새롭게 규정하여 자신의 것으로 만들어서 이러한 새로운 요구에 따르도록 하는 것이다. 19세기 콩트(A. Comte)의 사상에서 그 기원을 발견할 수 있는 이 테크노폴리는 모든 형태의 문화와 생활이 기교와 기술의 치하에 종속되는 상황이다.

테크노폴리는 문화의 한 양태이면서 동시에 정신의 한 양태이기도 하다. 이것은 기술의 신격화를 통해 이루어진다. 그렇다면 과학주의 또는 기술만능주의의 귀결이 바로 테크노폴리일 수 있다. 그러나 한편 도래한 테크노폴리 속에서 과학주의가 생겨날 수도 있다. 과학에 묻거나,

과학에 기대하는 것, 그리고 과학이 제공하는 대답을 맹목적으로 받아들이는 것이 바로 과학만능주의며, 그것은 테크노폴리의 거대한 환상이기도 하다.

테크노폴리 속에서는 도스토예프스키나 프로이트, 디킨슨이나 베버, 마르크스 가운데 그 누구도 **합법적인 지식생산자**가 될 수 없다. 단지 재미있어서 '읽어볼 만한 가치'가 있을 뿐, 그들은 과거의 산물일 뿐이다. 진리를 원한다면 주저 없이 과학으로 눈을 돌려야 한다고 모두 믿는다. 과학, 사회연구, 문학이라는 작업들이 모두 이야기를 전개하는 형식이지만 서로 확연히 구분되는 다른 기획임에도 불구하고, 사회과학자들은 과학자와 동일시되기를 원한다. 자연세계에 엄격한 규칙성을 부여하는 과학자와 달리, 사회과학은 인간의 조건을 연구한다. 사회연구는 과학보다는 상상적 문학과 공통점이 많은데도, '과학자'라는 명패에 붙는 심리적, 사회적, 물질적 이득 때문에 사회연구자들은 그것을 원한다.

테크노폴리 속에서 인문학자들도 자신의 일이 '과학적'인지 염려하는 형편이다. 그러므로 포스트먼이 과학교육에 의미론 수업을 제안하고, 또 역사와 철학, 종교, 기술사, 예술사 등의 기본 교과를 도입하자 제안하는 것이 실제로 얼마나 큰 효과를 볼 수 있을지는 모른다. 그러나 중요한 것은 그런 교과를 강조하는 이유가 테크노폴리로 인해 서사의 전통이 상실되었다고 보기 때문이다.

당연히 상징에 대해 일정한 존경심을 갖지 않고서는 전통에 대한 지각이 발휘될 수 없다. 사실 전통은 상징의 권위를 인정하고 상징을 낳는 서사의 타당성을 인정하는 것 이상도, 이하도 아니다. 상징이 고갈되어가면서 서사도 상실되는데, 이는 테크노폴리의 위력이 가져온 가장 심각한 결과이다.[8]

이 서사의 전통을 회복하기 위해, 문화가 번영하기 위해서는 종교, 신화, 정치, 철학 등 모든 서사의 원천이 회복되어야 한다. 인간의 삶의 어떤 영역, 사실상 가장 중요한 영역에 대해서는 과학이 아무것도 말해줄 수 없으며, 그 영역에 대해 과학에서 사용하는 방법과 유사한 방법을 적용하는 것은 해로울뿐이다.

핵심은 17세기적 합리성의 유익한 유산을 보전한 채 그것을 미래의 요구에 맞춰 인문화시키는 것이다. 우리의 지성사, 학문지형도의 맥락에서 수사학의 복권을 주장하는 학자들은 그간 여럿 있었다. 특히 툴민 (S. Toulmin)이 대표적이다.[9] 이들의 노력으로 탐구의 논리는 쇠퇴하고 탐구의 수사학이 부흥하였으며, 또 방법에서 설득과 수사로 패러다임이 변화하기 시작했다. 수사학자들은 학문연구에서 수학이나 물리학의 모델을 법학, 정치학, 그리고 문학의 모델로 대체시켰다. 수사학의 부흥이 인문학에서 시작되었으며 또한 그것은 인문학에 중요한 전기를 마련해 주기도 한다. '과학주의'는 곧 과학의 방법에 대한 맹신주의인데, 탐구의 수사학을 중시하는 입장이 득세함에 따라 즉 방법론의 아성에서 벗어나게 됨에 따라 인문학과 사회과학은 자율성을 가질 수 있을 것이기 때문이다.

구글과 위키피디아 등장의 의미

일반인들은 누구라도, 구글(Goole)에서 검색(구글링 googling)을 통해 손쉽게 전문적 지식과 정보에 접할 수 있게 되었다. 또한 위키피디아 (Wikipedia)가 보여주듯 훈련을 받지 않은 비전문가들이 지식생산자가 될 수 있게 됨으로써, 전문가의 지위는 더 추락하게 된다.

미디어 환경에서, 생산자로서의 전문가와 소비자로서의 아마추어가 엄격히 구분되는 사회는 20세기적 모형으로, "구텐베르크 경제학"의 시대로 불린다.[10] 즉 아무나 쉽게 생산자가 될 수 없었던 시대를 말한다. 요하네스 구텐베르크(J. Gutenberg)가 15세기에 활자를 발명하여 인쇄과정을 단축한 이후, 책은 풍부하게 만들어지기 시작했다. 그 후 사진, 음악 CD, 그리고 라디오와 텔레비전까지 등장했지만 그것들은 모두 막대한 투자비용을 요하며 따라서 생산수단을 소유하고 유지할 때 위험을 감수하는 사람 즉 **전문가**가 필요하다는 공통점을 가지고 있다.

오늘날 진정 혁명적인 사건은, 누구나 즉 **아마추어**라도 생산자에 포함될 수 있다는 것이다. 일반인이 전문가의 도움이나 허락을 받지 않고도 무엇을 공적으로 말할 수 있게 된 시대, 즉 "구텐베르크 이후의 경제학"의 시대가 도래한 것이다. 현대의 새 미디어, 디지털 네트워크에서는 그 기반시설을 콘텐츠 생산자가 소유하지 않고, 요금만 지불하면 누구나 마음대로 이용하고, 원본과 구별 불가능할 정도로 완전히 복제할 수 있다. 카메라 폰과 사진 공유 사이트 덕분에 테러 사건이 일어나면 즉시 우리는 누군가가 찍어 올린 현장 사진을 볼 수 있게 된다. 현장의 시민들이 뉴스 생산자, 기자의 역할을 하고 있다.

이제 모두가 생산하고, 공유하는 행동을 할 수 있게 된 세상이 된 것이다. 생산하고 공유하는 대중의 출현과 그 집합적 인지적 힘 즉 "인지잉여(cognitive surplus)"에 대해 긍정적인 시각을 보인 사람이 클레이 셔키(C. Shirky)다.[11] 그는 인지잉여가 더 나은 세상과 문화를 만들 수 있음을 말했다.

셔키와 정반대로 구글, 페이스북, 유튜브(YouTube), 야후와 같은 대형 사이트들이 공정한 정보를 제공하지 않고 치우친 정보만 통과시키는 '필터' 역할을 하며, 확증편향을 부추긴다고 말하며 부정적인 시각을 보인 프레이저(E. Praiser)와 같은 학자도 있다.[12] 프레이저에 의하면 대형 소셜네트워크 사이트들은 사용자의 엄청난 정보를 점점 더 축적하고 있는 '데이터 권력'이다.

블로그를 운영하는 블로거들 그리고 유튜브에 동영상을 게시하는 크리에이터의 활약도 우리가 주목할 만한 현상들이지만, 여기서 위키피디아의 의미에 대해 생각해 보자. 전통적인 전문 서비스 모델에서 지식과 경험을 공급하는 사람은 언제나 숙련된 전문가였다. 그런데 이제 과거에 그들로부터 서비스를 받았던 일반인들의 경험이 새로운 공급 원천으로 떠오르고 있다. 오픈소스 운동과 '사용자 생성 콘텐츠(user generated content)' 정신에 따라 새롭게 (실용적) 전문성을 만들고 공급하는 방식이 생겨났는데, 이는 '온라인 협동'이라 할 수 있다. 공유를 기본 원칙으로 하고, 그리고 인터넷 사용자들이 여러 가지 동기에 따라, 유용한 지식과 경험을 대량 보관하는 저장소들을 생성하고 유지하고 있다. 이 자원들은 사용자가 자신들 사용자를 위해 만든 것으로서, 위키피디아나(약

1만 명의 개발자에 의해 집단 협업으로 만들어진 운영체제인) 리눅스(Linux)가 대표적인 예다.

"위키"는 '빨리빨리'를 의미하는 하와이어 '위키위키(wikiwiki)'에서 이름을 따온, 사용자가 직접 내용을 더하고 고칠 수 있는 웹사이트다.[13] 위키 사이트들 중 가장 유명한 위키가, "누구나 고칠 수 있는 무료 백과사전"을 의미하는 '위키피디아'다. 위키피디아는 사용자가 지식과 연구결과에 자유롭게 접근할 수 있는 플랫폼이다. 여기에서 매달 약 5억 명의 방문자가 3500만 건의 글을 참조하고, 주요 기고자 약 6만 9000명이 온라인을 통해 280개 이상의 언어로 내용을 새로 만들거나 갱신하며, 이 때 사용자가 내는 비용은 전혀 없다. 주요 기고자들은 작성되고 수정된 내용을 계속 교차 검증하고 인용을 덧붙이는데, 이런 행동은 자발적이며 '집단 협업(mass collaboration)'의 사례로 연구대상이 된다.

초창기에 위키피디아는 전혀 신뢰할 수 없는 정보 원천이 되리라고 예상되었지만, 이제는 지지자들의 공동체에 의해 그들 스스로 의견을 중재하면서 재구성되고 있어서, 신뢰할만한 지식을 모아놓은 저장소로 인정받고 있다. 정보와 지식이 진화하는 방식으로 자료가 구축되고 있는 것은, 기고자들이 계속 내용을 수정하고 보충하면서 실시간 상호 비판과 검토의 효과를 가질 수 있기 때문이다. 예전에 즉 근대 계몽기에 백과사전 편찬 작업에 참여할 수 있는 것은 당대 최고의 지식인과 사상가들이었다. 이제 전문가가 아닌 일반인이 전문성 제공의 새로운 원천으로 등장하고 있다는 사실은 주목할 만한 사건이다.

3장
전문가와 전문지식의 전통적 개념의 문제

    지성사적 조류와 또 전문지식을 둘러싼 내외부의 원인들에 의해 전문성이 도전받고 있음을 앞 두 장에서 살펴보았다. 이에, 전문가 사회에 대해 그리고 전문지식 자체에 대해 우리가 갖고 있는 전통적인 개념을 다시 들여다볼 필요가 있다. 여기서 전문가 특히 과학자와 기술관료에 대한 파이어아벤트(P. Feyerabend)와 일리치(I. Illich)의 비판의 목소리에 귀를 기울여 보아야 한다.

    현재 우리 대부분이 갖고 있는 지식의 이미지는, 지식의 탄생과 전이와 소멸을 인정하지 않고 지식을 영원히 옳은 것으로 간주하는 것이다. 그래서 낡은 지식에 매달려 "지식의 관성"을 유지하고 있는 사람들에게 아브스만(S. Arbesman)이 들려주는 '전문지식의 반감기'에 대한 이야기는 중요한 의미가 있다.

    더불어 이 장에서는 인공지능(AI)이 전문가들을 대체하는 4차 산업혁명 시대에, 전문가와 전문지식의 역할은 무엇일까를 전망하고자 한다. 인공지능의 시대에 전문가는 탈신비화될 것이며, 전통적인 전문직은 해체되게 된다. 이때 전문지식이 전문가의 표식일 수 없고, 사회 전체와 특정 공동체들이 (실용적인) 전문성을 공유하는 길을 모색해야 한다. 이 논의에서 출발했을 때 다음 2부에서 지식의 특성, 생태학적 특성을 좀 더 면밀히 살펴보아야 할 계기가 마련된다.

전문가 사회와 테크노크라트에 대한 비판

도대체 전문가들은 어떤 사람들이며, 전문직은 언제 생겨났는가? 전문가는 태곳적부터 존재해왔다는 시각도 있지만, 직공 길드(guild)를 배경으로 탄생하고 종교개혁 후 교회가 몰락하는 과정에서 번영했다는 견해도 있다. 또 전문직이 산업혁명의 산물이라는 주장도 있다. 기원전 그리스 의사인 히포크라테스, 로마의 법률가인 키케로 등을 보면 오래전부터 전문가가 나타났음을 알 수 있다. 하지만 이들은 오늘날과 같은 전문직을 가졌거나 전문직 단체에 속한 사람들은 아니다.

그래서 앤드루 애벗(A. Abbott)은, 오늘날과 같이 전문직이 발달한 것은 19세기로, 영국에서 약사와 의사가 통합되고, 법률 관련 하급 전문직이 등장하고, 측량사 건축사 회계사가 출현한 시기라고 주장한다.[1] 하지만 그에 앞서 15세기에 법률, 의학, 신학이 학문 분야로 정립되었고, 이 영역에 종사하는 사람들의 공동체가 출현했음에 주목해야 한다. 또

12세기에는 건축가들의 석공조합이 있었고, 대학에서는 교수단이 설립되었었다. 이보다 앞선 중세기 11세기 후반에는 상인과 직공들로 이루어진 길드가 형성되었었다. 이 길드는 동일한 기술을 지닌 전문가와 장인이 규칙에 따라 경쟁을 조절하면서 이익을 추구했고, 전문가 집단으로 인정받는 특권을 누리기 위해 만든 협회였다. 14세기에는 외과 의사 길드가, 15세기에는 왕실 허가를 받은 이발사 길드가 있었고, 이것은 합쳐져 16세기에 이발사 · 외과 의사 협회로 탄생되었다. 현재 가장 명예로운 전문직 직종의 하나인 외과 의사는 이것에 기원을 둔다. 결국 우리는 전문직이 19세기부터 번영했고, 그 전신은 중세 후반에 출현한 길드임을 알 수 있다.[2]

사회적으로 특권을 누리며 인정받는 최고의 전문직 중 하나가 과학자다. 전문가가 인정받는 것은 그가 보유한 뛰어난 지식을 활용하기 위해서인데, 이 지식의 측면에서 볼 때 가장 엄밀하고 객관적인 것이 '과학적 지식'이기 때문에, 과학자는 전문가 중에서도 남다른 지위를 누린다고 할 수 있다. 여기서 폴 파이어아벤트(P. Feyerabend)와 이반 일리치(I. Illich) 등의 전문가 비판을 면밀히 살펴볼 필요가 있다. 이 바탕 위에서 우리가 (2부와 3부에서) 단절된 과학과 시민의 관계를 회복하는 길에 대해 모색해 볼 수 있기 때문이다.

과학과 시민의 갈등을 보여주는 사례는 핵무기, 유전공학, 환경재해를 둘러싼 논쟁들과 더불어 점증하고 있다. 예전에 과학과 과학자의 신격화에 대한 비판은 셸리(P. B. Shelley)나 블레이크(W. Blake)와 같은 낭만주의 시인들에 의해서 주로 이루어졌었다. 그러나 과학자와 전문가 사회 내부에서, 예를 들면 2장의 앞부분에서 언급했다시피 경제학자 하이에크(F. A. Hayek)와 의사 가완디(A. Gawande) 등에 의해서도 비판과 경계의 목소리가 들려온 바 있다. 더불어 과학사가들과 과학철학자들에 의해서 본격 비판의 논리가 제시되고 있다.

대표적으로 과학철학자 파이어아벤트는, "과학은 인간종이 갖는 자연적 영민함(natural shrewdness)의 손이 닿지 않는 곳에 머물러 있지 않다"라고 말하면서, 이 영민함은 지금 전문가의 수중에 있는 모든 중요한 사회적 문제들에 적용되어야 한다고 제안한다.[3] 실제로 그의 제안이나 희망대로, 모든 학문 분야와 인간 활동 영역에서 예컨대 법률가와 경영인을 비롯한 전문가의 위상이 추락하고 있고, 일반시민들이 관련분야의 문제 해결에 영민하게, 그리고 적극적으로 개입하고 있다.

파이어아벤트는 우리가 가장 엄밀한 지식의 전형으로 여기는 과학의 성취에 대해서, 그 종사자인 전문가가 거둔 경험적 성공의 특별함에 대해서도 유별나게 특별한 의의를 부여하지 않는다. 파이어아벤트가 그렇게 하는 이유는, 과학의 이론이 수많은 실증적인 성과를 산출해냈지만, 지성을 가진 사람들이 발전시킨 어떤 절차나 방법, 관점 등도 지적인 공헌을 할 수 있는 것은 마찬가지라고 보기 때문이다.

파이어아벤트는 "오늘날 과학이 압도적인 것은 딴 것과 비교할 때 갖는 장점 때문이 아니라, 쇼가 그것에 유리하게끔 꾸며져 있기 때문"이라 말했다.[4] 어떤 과학이론들의 과거의 성공은, 그 라이벌들이 귀환하는 것을 막아줄 제도적인 수단들 즉 교육, 전문가의 역할, 파워그룹의 역할 등을 이끌어 내며, 이 까닭에 그것은 최고의 자리를 누린다. 방법론이 과학의 수월성을 확립하는 것도 아니며, 그렇다고 과학이 그 성과로 인해 선호되는 것도 아니다.

그림 7
폴 파이어아벤트(P. Feyerabend, 1924-1994)
© https://www.thearticle.com

파이어아벤트에 의하면, 전문가들의 견해는 종종 편벽되고, 신뢰할 수 없으며, 외부의 통제를 필요로 하는 것이다. 전문가들을 그들의 아이디어의 신뢰성을 감소시킬 수 있는 그런 불확실함의 원천을 은폐하려 할 수 있고, 그들의 전문지식은 그들이 종종 은근히 내비치듯이 그렇게 접근하기 어려운 것도 아니다. 이와 같은 전제 하에, 파이어아벤트는 일반인이 과학을 감독할 수 있고, 또 그래야만 한다고 주장한다. 과학은 전문가뿐 아니라, 일반인이나 딜레탕트를 필요로 한다는 것이다.[5]

이러한 비판은 과학에 대한 우리의 이미지, 전문가인 과학자에게 우리가 부여하는 신용(신뢰)에 비춰볼 때 선뜻 수용하거나 이해할 수 없는 극단적인 입장 같기도 하다. 과학적 진리는 17세기 이래로 철학적 진리의 유일한 모델이었다. 또한 우리는 과학과 기술의 인상적인 성취를 목격하고 그 혜택을 누리고 살고 있다. 과학의 작동은 우리의 믿음들과 자연세계 사이의 연결과 접촉에 분명히 일정 부분 의거할 것이다. 비록 그 접촉이 우리 개념에 의거해 매개되고, 그 연결을 설명해주는 복수의 (서로 상충되는) 이론이 존재한다 할지라도 과학의 성공을 인정하지 않을 수는 없다고 필자도 생각한다. 그러나 그것이, 현행 과학의 영속적인 정당성 또 과학 전문가의 침해할 수 없는 권위까지 보증해 주지는 않을 것이다.

전문가들이 경제활동, 지위와 명예에 대해 누리는 독점권을 비판한 사람들도 있다. 이 입장 중 극단적인 음모론자가 있는데 그중 극작가며 비평가인 버나드 쇼(G. B. Shaw)가 가장 유명하다. 쇼는 "(전문직이) 일반인을 상대로 음모를 꾸민다"라고 말했었다.[6] 쇼가 보기에 전문가가 지식을 장악하려는 목적은 권력, 부, 명예, 계급 우위, 독점권, 자기보호를 향한 원초적 갈망의 실현에 그치지 않는다. 그 이상으로 전문가들은 단결해, 사기 즉 그들의 폭압을 신비화하고 은폐해 유지하려는 의식적이고 체계적인 노력을 계속했다고 쇼를 비롯한 음모론자들은 주장한다.[7]

전문직에 만연한 음모를 비판하는 데 가장 노력을 기울인 정치사회 철학자가 이반 일리치다. 일리치는 전문직이 전문가가 아닌 다른 사람을 불구로 만드는데, 그것은 "전문가가 전지전능하다는 환상을 사회가 용인"하기 때문이라고 말한다.[8] 전문가들은 자신들이 인간 본성에 관한 비밀스러운 지식, 자기들만이 제공할 권리가 있는 지식을 지니고 있다고 주장한다. 신종 전문직들은 더 나아가, 인간에게 필요할 만한 분야라면 어디서건 지배적이고 권위적이고 독점적이고 합법적으로 공익을 독점하는 전문가 행세를 한다고 일리치는 비판한다.[9] 이 방식이 개인을 나약하게 하고 결국 불구로 만든다는 것이다.

일리치의 전문가 비판은 지나치게 음모론적이기도 하지만, 전문가가 그의 숙달된 지식을 선량하게 관리하는가 아니면 혼자 독점하려고 하는가에 대한 이슈를 만들었다는 점에서 공헌한 바가 분명히 있다고 보인다. 테크노크라시(technocracy)라는 말은 '전문가의 지배'를 의미하는 20세기 초의 신조어다. 전문가와 기술관료의 위험성은 그들이 갖는 권위와 독점권 때문이다. 독점권에 대한 파이어아벤트, 버나드 쇼, 일리치와 같은 선구자들의 경고와 비판으로 인해 우리가 전문가들이 엄청난 영향력과 지배력을 갖는다는 사실을 깨닫게 되었고 경계하게 된 것이다.

그림 8
이반 일리치(I. Illich, 1926-2002)
© https://letraslibres.com

지식의 관성과 전문지식의 반감기

앞에서 본 주장들이 과격해 보이고, 일반인이 품는 과학(자)와 기술 (자)에 대한 존경과 신뢰를 부당하게 훼손하는 것처럼 보일 수도 있다. 그러나 만일 그렇게 생각된다면, 우리가 갖고 있는 지식의 관념, 그로 인한 전문지식 소유자로서의 전문가에 대한 환상이 오히려 더 문제의 시작은 아닌지 따져볼 필요가 있지 않을까?

우리는 일상적으로 지식과 정보, 데이터와 믿음 등의 여러 개념을 섞어서 사용하고 있다. 구조주의 인류학자 레비-스트로스(C. Lévi-Strauss) 식의 비유를 하자면, 정보는 '날 것인 상태'며 지식은 '익힌 상태' 로 볼 수 있다.[10] 정보가 지식보다 상대적으로 덜 정제되어 있다는 의미 에서다. 데이터는 객관적으로 주어지는 것이 아니고, 편견으로 가득찬 인간의 머리로 인식되고 처리되는 것이다. 정보는 분류, 비판, 검증, 측 정 등의 여러 방법으로 끊임없이 가공되는 것이다.

'지식' 대신 '정보'란 용어를 자주 사용하는 미국 사회는 경험론적 문 화를 가진 것으로 볼 수도 있다. 독일어의 '지식(Wissenschaft)'는 경험에 서 얻은 지식(Erkenntnis)이 아닌 학문적인 지식을 의미한다. 이것은 때 로 맥락에 따라 '과학'으로 번역되지만 어쨌든 체계적으로 조직된 지식 이라는 의미를 갖는다. 영미철학 조류의 인식론자들은 '지식'을 "정당화 된, 참인 믿음(justified true belief)" 등으로 정의하려고 애써왔지만, 그에 대한 반례도 제시되어서 지식을 정의하는 것은 쉽지 않은 일이었다.

지식의 종류도 한 가지가 아니며, 문화마다 그리고 언어마다 다른 의 미의 지식을 가리키는 용어가 별도로 있기도 하다. 예를 들어 프랑스어의 '사부아(savoir)'는 지식을 의미하는 일반적 용어고, '코내상스(connaissance)'는 특화된 지식을 가리킨다. 그리스어와 라틴어에는 여러 종류의 '앎'을 가리키는 단어들이 있다. 이 다른 지식을 가진 다른 사람들 사이의 갈등도 여러 가지 문화현장에서 나타났었다. 역사학자며 문화사가인 버크(P. Burke)에 의하면, 15세기 초 밀라노 대성당을 건축할 때 밀라노의 석공들과 프랑스 건축가들이, 실용 지식인 아르스(ars 방법지)와 기하학 같은 이론 지식인 스키엔티아(scientia 대상지) 중에서 무엇이 더 중요한가를 놓고 논쟁을 벌였다고 한다. 또 17세기 전문의들은 산파와 비공식 치료사들의 실용 지식을 업신여겼다.[11]

이렇게 지식의 개념이 다르지만, 학문적이고 이론적인 의미의 전문지식의 경우에도, 지식은 여러 가지임을 인정해야 할 듯하다. 아브스만(S. Arbesman)의 연구에 의하면 전문지식도 방사성 동위원소처럼 반감기를 갖고 사라진다. '지식의 반감기'란 어떤 지식체계의 절반이 틀린 것으로 드러나는 데 걸리는 시간을 말한다. 아브스맨에 의하면 그 반감기는 물리학이 13.07년, 경제학이 9.38년, 수학이 9.17년, 심리학이 7.15년이다. 학문에 따라 반감기가 짧기도 하고 또 상대적으로 길어서 안정적이기도 하다.[12]

이런 논의를 거쳐 생각해 보면, 문제는 지식에 대한 우리의 잘못된 믿음이다. 지식의 탄생과 더불어 일어나는 지식의 전이나 소멸을 인정하지 않고, 이제는 낡아버린 그래서 버려야 할 지식에 계속 매달리는 것, 즉 '지식의 관성'에 빠져있다는 점을 인정하고 유의해야 할 것이다. 지식이 끝없이 생성, 변화, 소멸한다는 사실을 전문가들도 스스로 인정한다면, 자신들만의 권위에 의한 독립적 지배가 문제라는 것도 쉽게 인정할 수 있을 것이다.

필립 테틀록(P. E. Tetlock)은 전문가들이 내놓는 예측과 원숭이가 다트를 던져 나오는 예측이 대충 비슷하다는 연구실험으로 전 세계 언론의 주목을 받았다. 테틀록은 다수의 학자와 전문가로 구성된 그룹에게 경제, 주식, 선거, 전쟁 등 여러 당면 문제를 예측해달라고 요청한 후, 전문가 그룹이 내놓은 예측의 정확성을 측정해 보았다. 결과는 전문가의 예측이나 무작위적인 추측이나 별 차이가 없었다. 무작위적인 추측은 흥미를 끄는 소재가 아니지만 '다트를 던지는 원숭이'와의 비교는 이야기가 다르다. 『슈퍼예측 − 그들은 어떻게 미래를 보았는가』에서 그는 이렇게 말한다.

> 일반적으로 전문가들은 내가 제기한 대부분의 정치 및 경제 문제에 대한 추측에서 별다른 실력을 보여주지 못했다. '대부분'이 전부라는 말은 아니다. 1년 앞만 내다보면 되는 문제에서는 그들의 적중률도 높게 나왔다. 하지만 1년이 넘는 장기간의 예측에서는 정확성이 떨어졌다. 가령 3~5년 정도 기한의 예측에서 전문가들은 다트를 던지는 원숭이들보다도 좋은 성적을 내지 못했다.[13]

테틀록의 연구는 1984년부터 약 20년에 걸친 힘든 작업을 통해 이루어졌고, 스스로의 말에 의하면 "과학적 문헌에 나타난 전문가의 판단을 대상으로 실시한 평가 중에 가장 포괄적인 평가"다. 테틀록이 발견한 것은 복잡한 세상을 분석하는 전문가의 한계를 보여준다. 그러나 테틀록의 연구의 의미를 왜곡해서 "소위 전문가들도 원숭이보다 나을 것이 없다"라는 식으로 과장할 필요는 없다. 전문가들을 우습게 여기는 극단적인 회의주의자 즉 디벙커(debunker)와 테틀록은 다르다. 테틀록은 일종의 낙관적 회의주의자로서, 다른 분야에 종사하는 전문가들, 은퇴한 학자와 학생들로 이루어진 '슈퍼 예측가(superforecasters)'들의 놀라운 예측 능력을 분석하는 후속연구를 하고 있기 때문이다. 의심이나 과학적 엄정성을 결여한 과학을 비과학으로 비판할 뿐이다.

인공지능 시대의 전문가 역할

요즘 우리는 '올림픽 봇' 같은 로봇 기자가 쓴 스포츠 기사에 자주 접하게 된다. 이것은 인공지능 알고리즘이 경기 데이터를 수집(취재), 기사 작성 및 배포를 하는 뉴스 서비스로 신속하고 정확한 점이 특징이라 할 수 있다. 또 패스트푸드점 주방 보조 로봇이나 바텐더 로봇, 공항에서 길을 알려주는 로봇, 매장 고객 상대 로봇에 대한 이야기들을 듣게 된다. 최근에는 로봇을 늘리는 기업에 세금을 물려, 일자리 창출에 써야한다며 로봇세 도입에 찬성하는 빌 게이츠(Bill Gates)의 주장도 소개되고 있다. 2025년 즈음이면 국내 총 업무의 45%를 로봇이 대체할 것으로 전망되고 이에 실업 대책을 세워야 할 필요가 제기되고 있다.

사람의 일자리를 기계가 대신하리라는 불안은, 네드 러드(N. Ludd)를 비롯한 섬유노동자들이 자동 방적기와 직조기를 파괴한 19세기 초부터 시작되었다고 할 만큼 그 뿌리가 깊다. 기계가 넘겨받는 일자리의 유형에 따라 자동화는 세 시기로 구분되는데, 1차 자동화 시기에는 힘든 단순노동을 대신했다. 예컨대 용접이나 물류창고에서 주문품을 찾기 위해 뛰어다니는 일 등이다. 이것은 러다이트 운동 이후 산업혁명 후기부터 현재까지 진행되고 있다. 2차 자동화 시기에 비서업무와 같은 사무직 노동을 컴퓨터 시스템이 대신하게 되었다. 3차 자동화는 지능을 갖춘 컴퓨터가 인간을 대신해 더 나은 결정을 내리려고 시도하는 시기다. 동네 병원 의사가 세계적인 권위자의 전문지식을 활용할 수 있게 되는 시기다. 이 자동화 시기에 위협을 받는 것은 지식노동자다.

지식노동자는 전통적으로는 교수, 경영인, 엔지니어, 과학자, 교수, 분석가, 행정지원 인력이라는 일곱 가지 범주로 구분되었었다.[14] 보통 "지식과 정보조작 업무를 주로하는 직업인"으로 정의되는 지식노동자들이 기업사무실에서 근무한다. 그 외에 의사, 변호사, 과학자, 교수 회계사와 같은 고도의 교육을 받고 전문 자격증을 갖춘 사람들이 있다. 이들 최고 전문가들의 일도 기계가 대신할 수 있을까?

구글(Google) 딥마인드가 개발한 인공지능 컴퓨터 프로그램인 알파고(AlphaGo) 2가 중국 바둑의 최고수라고 불리는 중국의 커제(柯洁, Ke Jie) 9단을 3전 전승으로 이긴 것이 2017년 5월의 일이었다. 그 전해에 알파고는 우리나라의 이세돌 9단과의 〈딥마인드 챌린지 매치〉 5국에서 4승 1패를 거뒀다. 알파고는 이후 세계 최고의 기사들과 벌인 대국에서 전승을 거뒀기 때문에, 이세돌 9단이 제4국에서 거둔 불계승이 바둑프로그램 알파고를 상대로 인간이 거둔 유일한 승리다.

인공지능이 대표적으로 두 가지 전문직종에 대해서 커다란 위협이 되

그림 9

이세돌과 알파고의 대국 모습. 손이 없는 알파고를 대신해서 알파고 개발팀 팀원이자 아마 6단인
아자 황(黃士傑 Aja Huang) 박사가 컴퓨터에 수 위치를 입력하고 알파고가 다음 수를 띄우면
바둑돌을 대신 놓았다.

© 동아사이언스, 2016. 3. 13

고 있는 것만은 분명하다. 첫째는 부동산 거래업이다. 부동산 등기부 등본 등 자료를 기초로 각종 거래계약서를 작성하거나 거래 관련 법령, 판례를 분석해 권리분석 제공하는 일을 인공지능이 수행하고 있다. 권리분석은 부동산 등기부 건축물대장을 발급받아 근저당권 등 부동산에 얽힌 권리관계를 확인하는 작업으로, 일반인들이 하기 어려운 작업이라 중개사에게 위임해온 일이다. 인공지능 공인중개사는 단순히 매물 소개 등 데이터 검색만을 하는 것이 아니라, 거래계약서 작성과 권리분석 같은 전문가 영역에 들어왔다는 점에 주목해야 한다. 최근 법무법인 소속 변호사들도, 인공지능의 도움을 받아 부동산을 거래하는 시스템을 연구 중인 기술진과 공동작업을 하고 있다고 한다.

또 다른 전문직종은 변호사다. 인공지능 변호사가 서울의 대형 로펌에 입사했다는 기사가 최근에 보도되었다.[15] '로보(Law Bo)'와 '유렉스'는 법무법인 대륙아주에서 근무를 시작할 예정인데, 이 두 AI는 세계법률 인공지능 경진대회(COlIEE)에서 2년 연속 우승한 '우수 변호사'로 알려져 있다. 그들은 수임 사건의 판례나 법률을 분석하는 일을 주로 맡게 될 것이라 하고, 아직은 업무 보조 수준에 머무르고 있지만, 인간 변호사에 비해 빠르게 관련 법 조항을 찾아내서 인간의 실수를 보완할 수 있을 것으로 기대된다고 한다. 미국의 로펌에서 사용된 파산 전문 AI변호사 로스(ROSS)는 법률 검색시간을 20% 이상 줄여줬다. AI 변호사들은 수임 사건에 대해 최종 의견서를 낼 정도는 아니라서 파트너 변호사의 일자리를 위협할 수준에는 미치지 못하나, 사법연수원과 로스쿨을 갓 졸업한 변호사나 법무사, 사무장의 리서치 작업은 충분히 대신할 수 있다고 한다.

최근 비즈니스와 교육부문에서 커다란 충격을 주고 있는 것은 오픈 AI(OpenAI)에서 개발해 2022년 11월 공개한 대화형 인공지능 챗봇인 chatGPT다. chatGPT는 사전훈련된 생성 변환기(GPT: Generative Pre-trained Transformer)와 잡담(chat)의 합성어로, 다양한 지식 분야에서 상세한 반응과 답변 능력을 보여줘 큰 관심을 끌었다. 출시된지 불과 몇 달만에 수억 명의 사용자를 끌어들여 현재 가장 빠르게 성장한 소비자앱이 되었다. 대형 언어 모델 GPT-3.5를 기반으로 만들어진 chatGPT가 에세이를 쓰는 능력을 학습하게 됨으로써, 학교에서 에세이를 쓰는 과제물이 변별력을 갖기 어려워지고, 과제 대필의 사례가 발생하고 있다. 아직 학계에서 chatGPT를 비롯한 인공지능의 활용 문제에 대해 의견이 갈리고 있다. 홍콩대와 홍콩과기대는 chatGPT 사용을 금지시킨 반면, 싱가폴 국립대(NUS)는 권장하고 있다고 현지 교직원들을 통해 들었다.

예전에 공항에서 잃은 짐을 찾아주고 범죄자를 찾고 하는 스크리닝 기술이 최선이었는데 이제 직접 창작하는 기술까지 발전이 이루어진 것이다. 그래서 대화형 인공지능이 감정을 학습해서 공포를 유발하는 영상을 만들 수 있고, 소설과 시도 창작할 수 있다.[16] 덕분에 글쓰기 행위의 경제적 가치가 점점 줄어들고 있다. 변호사, 회계사, 디자이너, 시인을 비롯해 여러 분야의 전문가들이 영향을 받겠지만, 특히나 카피라이터가 가장 큰 피해를 입을 가능성이 있지 않나 생각한다.

하지만 비즈니스와 교육 분야에서도 자연어 인공지능 서비스를 활용할 때 우리는 큰 도움을 받을 수도 있다. 방대한 자료수집과 요약, 외국어 작문 교정, 계산 등 실생활에 활용가능하다. 〈ChatGPT가 촉발한

초거대 AI시대 우리의 대응 전략)에 대해 말한 하정우 Naver AI Lab 연구소장에 의하면, 여행 계획을 의뢰하면서도 여러 가지 조건을 붙임으로써 다양한 코스로 계획을 짜는 것이 가능하다.[17] 그리고 요식업 분야에서 메뉴를 개발하고 음식 이름을 지어주는 데 사용할 경우, 새롭고 창의적인 결과물을 내놓는다는 평가도 있다. AI가 점점 스마트해지는 와중에, 인간보다 근본적으로 못하는 것이 무엇인지 알고 그 분야에서 전문성을 갖추는 것이 가장 중요할 것이다.

200년 전의 러다이트들처럼 우리가 인공지능 전문가들을 배척해야 할까? 그렇지 않다면 전문가들은 어떻게 해야 할까? 과연 4차 산업혁명 시기에 전문직과 전문가의 미래는 어떤 것일까? 대븐포트(T. H. Davenport)와 커비(J. Kirby)는 점점 더 스마트해지는 기계를 대하는 전략은 모두 "기계에 의한 인간 능력의 증강(augmentation)"이라는 공통점을 가진다고 말한다.[18] '증강'이란 용어는 컴퓨터 마우스를 발명한 엥겔바트(D. Engelbart)가, 생각과 의견 공유의 기계적 측면을 수행하는 기계를 구상하면서 처음 만들어낸 용어다.[19]

대븐포트와 커비가 제시하는 증강 전략은 다섯 가지 범주로 나뉜다. 기계와 함께 일하면서 사람들은, "위로 올라서기", "옆으로 비켜서기", "안으로 파고들기", "틈새로 움직이기", "앞으로 나아가기" 전략을 취할 수 있다.[20] 위로 올라서기는 자동화 시스템보다 더 높은 곳, 큰 그림을 그리는 시야와 판단력을 개발하는 것으로 올라가기다. 옆으로 비켜서기는 의사결정이 필요 없는 직업군으로 옮겨가 컴퓨터의 결정을 쉽게 풀어 설명하는 일 등을 하는 것이다. 안으로 파고들기는 컴퓨터 시스템의 자동 의사결정에 관여해 시스템을 이해, 감시하고 개선하는 일을 하는 것이다. 틈새로 움직이기는 현재의 직무에서 전문영역을 찾는 것으로, 범위가 너무나 한정되어 있어 자동화가 시도되지 않거나, 자동화의 경제적 실익이 없을 것 같은 영역을 찾는 일이다. 앞으로 나아가기는 특정 영역에서 기계의 결정과 행동을 지원하는 새로운 시스템과 과학기술을 개발하는 것이다.

이 중에서 지식노동자는 모든 전략을 다 취해볼 수 있겠지만 그중 전문가가 자신의 입지를 확보할 수 있는 것은 뒤의 두 가지 전략인 것 같다. 예컨대 보험 손해 사정사, 교사, 금융설계사와 같은 전문가는 다섯 가지 전략을 다 취할 수 있지만, 자동화 소프트웨어가 나올 가능성이 없는 매우 특정한 영역에서 전문지식을 업데이트 하는 것이 "틈새로 움직이기"이며, 직접 새로운 시스템, 콘텐츠를 개발해 내는 것이 "앞으로 나아가기"이다.

이제 각 분야의 전문가들은 인공지능의 전문지식에 대항하지 말고, 기계와 더불어 전문가로서 자신의 강점을 증강해야 한다. 그들은 새로운 전문성을 찾고 개발해내야 하는 과제에 직면해 있다. 계산 기계(computing machine)에서 출발한 컴퓨터와 스마트 기기와 인공지능 로봇과 우리 인간은 대립적 관계가 아니고 상호보완적 관계를 가질 수 있다. 기계는 단지 '자동화'를 위한 수단이 아니고, 인간지능을 '증폭'시켜 줄 수 있다. 그렇다면 인간과 기계는 상보적 방식으로 존재할 길을 찾아야 한다. 전문가는 여기서 인간과 기계가 노동의 분할에 그치지 않고, 서로 더 잘 일할 수 있는 길, 가치의 증식과 인간의 능력의 증강을 도모해야 하고, 이에 기여하는 존재로서 자신의 입지를 확보해야 할 것이다. 이제 인간 전문가들은 인공지능에 의해 대체되는 운명에 처하지 않기 위해서라도, 인공지능을 그들의 전문작업에 '조수(copilot)'로 선택할 수 밖에 없을 것이다.

전문지식이 전문가의 표식인 시대는 지났다. 아마도 기계는 점점 더 유능해지고 있고, 인간이 가질 수 있는 지식의 범위와 양을 초월할 것이다. 기계가 전문가의 업무를 변혁하는 시대에는 전문가는 탈신비화될 것이며, 전통적 전문직은 해체될 것이고, 사회 전체와 특정 공동체들이 (실용적인) 전문성을 공유하는 세상이 도래할 것이다. 이에 우리는 다음 2부에서 지식의 특성, 생태학적 특성을 좀 더 면밀히 살펴보아야 할 필요가 있다.

2부

전문지식의 생태학

4장

과학의 권위와 신뢰 변화
-과학민주화운동과 '시민과학'

1부에서 전문가와 전문성에 대한 도전들의 지성사적 배경, 전문지식체계를 둘러싼 직간접적 공격 원인들을 살펴보고, 또 우리가 가진 지식의 이미지가 왜 문제이며 어떻게 달라질 수 있을지를 고찰했다.

2부에서 본격적으로 전문지식과 전문성에 대한 생태학적 고찰을 하고자 한다. 비과학적인 것으로 치부되어온 다양한 분야의 지식들의 사례와 아마추어이자 참여적 지식인들이었던 사람들의 기여에 대해 여기 2부에서 해명한 후, 3부에서 전문성 확장을 주장하는 이론적 정당화를 모색하고자 한다. 3부에서는 "공동체 지식론"과 과학-시민 사이의 과학적 지식 생산의 공동작업 모델을 제안하고자 한다.

먼저 4장에서 과학적 지식의 권위와 신뢰 변화의 모습들, 과학민주화(DSM)를 위한 논변들을 다룬다. 또한 과학과 대립되는 것으로 종래에 여겨지던 '지역적 지식(local knowledge)'과 '토착 지식(indigenous knowledge)'의 개념에 대해 재조명한다. 토착 지식의 몇 가지 사례를 보고, 그 과학적 활용 가능성에 대해 생각해 본다.

과학 공동체와 '패러다임'의 공유

최근 수십 년간 포스트모던 과학철학의 부상과 더불어 지식에 대한 관심은, 단순히 참된 기술과 표상으로서의 지식의 정의나 기준에 한정되지 않았다. 전문지식의 생산과 변화의 기작 즉 사회와의 관계, 가족·과학자 집단과 같은 '지식 공동체' 또 젠더와 성적 소수자나 에이즈 환자 등 지식 생산자에 대한 관심도 지식에 대한 논의에 서서히 포함되어 왔다.

'과학 민주화(democratization)' 또는 '시민과학(citizen science)'이라는 용어는 어떤 의미에서 충격적인 것일 수 있다. 과학자의 권위 특히 자연과학자의 권위는 일반인들이 범접하기 어려운 것으로 여겨져 왔기 때문이다. 수학의 언어를 이해할 수 있는, 교육받은 계급만이 과학에 접근할 수 있었다. 일반인들뿐 아니라 과학 이외 분야의 전문지식인도 과학을 온전히 이해하는 것은 어려운 일이다.

이와 관련해 과학적 문화와 인문적 문화 사이의 의사소통 부재현상을 지적하면서 과학 교양교육의 진흥을 주장한 바 있는 스노우(C. P. Snow) 주장을 환기해 볼 수 있다. 그의 주장 속에서 우리는, 자연과학에 대한 인문학자(문학적 지식인)들의 무지에 대한 비판, 그럼에도 리비스(F. R. Leavis) 같은 인문적 지식인들이 서구문화를 지배하는 역할을 한다는 사실에 대한 분노를 감지할 수 있다. 과학문화에 들어있는 논의는 "문학적 논의에 비하면 보다 엄밀하고, 대개의 경우 그 사상적 수준이 높은" 이유로 과학문화는 인문학자들은 잘 이해할 수 없는 것이라고 스노우는 말한 바 있기 때문이다.[1]

오늘날 인문학의 대중화를 주장하는 사람은 너무나 많지만, 과학의 대중화를 동일한 의미에서 주장하는 사람은 많지 않다. 스노우가 인문 지식인에게 '열역학 제 2법칙'을 설명해 보라는 식의 테스트를 제시한 것만 보아도 상황을 알 수 있다. 이렇게 과학은 가장 엄밀한 지식체계인 만큼 다른 분야의 지식인조차 접근하기 어려운 것으로 상정되었다. 이로 인해 과학이 제공하는 대답을 맹목적으로 받아들이는 문화 즉 '과학(만능)주의'가 생겨나기도 했다는 것은 앞 1부의 1장에서 살펴본 바와 같다.

토마스 쿤(T. Kuhn)은 『과학혁명의 구조』를 통해 과학의 단계들을 구분한 바 있다. '정상과학기'는 과학자들 사이에 실재에 대한 관념, 가치관, 문제풀이 방식, 세계관이 공유되는 시기다. 즉 '패러다임(paradigm)'이 작동하는 시기다. 이 과학자들의 공동체는 이상 현상(anomaly)이 빈번히 대두하면, 어떤 설명할 수 없는 즉 합리적이라고만 할 수는 없는 선택을 하게 되고 이것이 바로 패러다임 교체(shift)가 일어나는 '과학혁명기'다.

쿤이 설명하는 과학의 진행 과정에 의하면, 과학은 과학 공동체(scientific community)에서 '교육과 전문적 전수를 거치고, 동일한 표준적 문헌을 흡수한 전문가'들의 활동의 결과다. '과학지식의 생산과 확인의 주역인 기본단위'인 과학 공동체의 구성원들이 공유하는 것이 바로 패러다임(paradigm)이다.[2] 그의 책의 〈후기〉에서 과학 공동체는 '전문적 메트릭스(disciplinary marix)를 공유하는데, 이것의 구성요소는, 기호적 일반화, 형이상학적 패러다임(공유된 공약), 가치관, 표준례라는 네 가지로 설명된다.[3]

그러나 또한 그의 설명모델에 의하면, 정상과학(normal science)은 '수수께끼 풀이(puzzle-solving)' 활동이며, 그 안에서 과학자들은 변칙현상(anomaly)에 직면해 기존 패러다임 내의 이론을 고수하려고 애쓰고 있는 것으로 기술되고 있지 않은가? 쿤의 말에 따르면, "그런 전문화는, 한편으로는 과학자의 시야를 크게 제한시키며 패러다임의 변화에 대해 상당한 저항으로 작용한다. 과학은 점점 경직되어 간다."[4]

쿤의 설명이 과학의 역사에 대한 기술인지, 과학자들에게 방법론적 규범을 제시하려는 것인지에 대해서는 논란의 여지가 있다. 쿤의 입장에 대한 평가는 유보한 채로, 일단 여기서 필자는 변칙이 아직 위기로서 받아들여지지 않는 정상과학(기)에서 전문가들이 보이는 이론 고수의 움직임에 대해 주목하고자 한다. 이론과 모순되는 자료들이 있는 경우에도 이론을 고수하려는 이 방법론적 원칙은, '고집의 원리(principle of tenacity)'불리는데, 이 방침은 때로 정당한 것일 수 있다.[5] 고집하고자 하는 문제의 이론이 발전하고 개선될 수도 있고, 이론에 상충하는 실험결과만을 지나치게 신뢰하는 것 역시 현명치 못하기 때문이다. 그러나 한편 이것은, 쿤이 묘사한 (정상)과학의 독단적이고 권위주의적인 특성을 보여주며, 과학자 집단의 폐쇄적인 마음을 보여준다.

어쨌든 이러한 과학에 대한 비판적 반성으로부터 출발해 우리가 과학기술 전문가의 시대가 끝났다고 주장할 수 있을까? 다니엘 핑크(D. Pink)는 새로운 미래의 모습과 그에 맞는 인재의 조건을 논하는 책에서, 미래 선진국 지식근로자의 쇠퇴를 예측하고 있다.[6] 그 이유로 그는 풍요, 아시아로의 아웃소싱, 자동화를 들고 있다.

그런데 다니엘 핑크가 말한 변화의 원인에는, 최근 몇 년 사이에 우리가 목도하는 것과 같은 SNS의 보급, 그로 인해 새로운 사회적 자원으로 부상한 '인지잉여(cognitive surplus)', 구글의 정보검색과 위키피디아(Wikipedia)의 출현 등은 명시적으로 포함되어 있지는 않다. '인지 잉여'는 클레이 셔키(C. Shirky)의 용어로, 인터넷과 스마트 폰으로 연결된 전 세계시민들이 갖고 있는 '1조 시간'이라는 여가시간을 함께 모아 이용할 수 있게 되어 나타난 사회적 자원을 가리킨다. 전 세계 연간 인지잉여는 매년 위키피디아 1만 개를 만들 수 있는 양이다.[7] 어쨌든 궁극적으로 의사 변호사와 같은 전문가들이 대접받는 시대가 끝나고 이제, 조합의 능력을 갖춘 인재의 시대가 도래할 것이라는 핑크의 주장은 경청할 만하다.

과학민주화운동(DSM) – 과학민주화를 위한 논변들

1990년대 북미와 유럽 그리고 우리의 지성계에 큰 화제를 불러왔던 '과학전쟁(Science War)'은 과학자와 인문학자의 대립이나, 진지한 연구자와 고등사기를 펼치는 지적 사기꾼의 대결에 대한 경고로만 해석될 수는 없다. 실로 그것은 **'과학의 민주화'**에 대한 이견이 표출되고 갈등을 빚은 사례였고, 그렇다면 그것은 결국 전문지식, 전문가에 대한 생각의 차이를 보이는 이슈였다고 필자는 생각한다. 과학전쟁이 1990년대 중반에 들어와서야 발발한 역사적 배경에 대해 대니얼 클라인맨(D. L. Kleinman)이 지적한 바에 귀를 기울여 보면, 과학의 엘리트들은 과학의 권위를 무비판적으로 받아들이지 않는 사람에 대해 반발하였던 것으로 해석할 수 있다.[8] 이 과학의 전사들이 과학학자와 인문학자, 철학자들에게 제기하는 비판이 과연 공평하거나 치명적인 힘을 가졌던 것일까는 의문이다.

그들이 선포한 전쟁은, 과학기술에서 전문가주의를 넘어서려는 시민들의 참여, 인문학자의 도전에 대한 과학자들의 반응이었다. 클라인맨이 지적한대로, 지식인들의 사기를 폭로한 과학자들이 "허물어 가는 경계를 다시금 강화하려는 노력"을 보여주며, "과학자와 일반 시민을 가르는 벽, 전문적 사안에 대한 과학자들의 자율성을 정당화하고 시민의 침묵을 강제했던 장애물"을 유지하고 싶어 했는지도 모른다.[9]

그러나 그 경계가 넘을 수 없는 것일까? 일찍이 파이어아벤트는, "과학은 인간종이 갖는 자연적 영민함(natural shrewdness)의 손이 닿지 않는 곳에 머물러 있지 않다"[10]라고 말한 바 있지 않은가? 필자는 이 맥락에서 과학의 엘리트주의에 반례가 될 사례들을 제시하고자 한다. 이것들은 시민들이 과학적 전문성을 가질 수 있음을 보여주는 사례들이다. 농부들도 농업과학에 정당하게 편입되지 않았어도 종자보존과 관련된 농사지식을 갖고 있고, 원주민들도 '토착 지식'을 갖고 있다. 이들의 활동은 지배적인 의학지식, 농업 지식의 생산과 분배 체계에 특유한 불공평한 권력 관계에 대한 도전을 나타내는 것이다.

21세기 들어 과학과 과학기술이 사회에 미치는 영향은 이전 세기들에 비교할 수 없을 정도다. 그러나 이 영향력에도 불구하고 과학에 대한 의심이나 두려움도 또한 커지고 있다. 또 과학과 과학자의 권위가 떨어졌다는 것을 보여주는 많은 사건들이 발생했다. 과학과 시민의 갈등을 보여주는 역사적 사건들로 홍성욱 교수는 2차 대전 직후의 핵무기와 군사연구에 대한 논쟁, 1960년대와 1970년대의 환경오염과 오존층 파괴에 대한 논쟁, 1970년대 유전자재조합(recombinant DNA) 논쟁을 들고 있다.[11]

여기에 덧붙여 우리는 일본 후쿠시마 원전사고의 수습과정을 둘러싼 의혹과 은폐의 기도 특히 원전 오염수 해양유출 사고와 관련한 논쟁을 언급할 필요가 있다. 수산물의 안전성을 두고 정부 관료와 과학자들은 **'과학의 이름'**으로 말했다. 2013년 9월 11일 윤진숙 해양수산부 장관이 방사능 오염 수산물 관련 정부 대책에 대해, **"과학적 관점**에서 얘기한다면 현재로서는 별로 문제가 없다고 생각한다"고 발언했다. 이 '과학적 관점'이라는 말이 국민들 사이에 논란을 빚자, 해양수산부는 홈피의 보도자료를 통해 그 표현에 대해 해명을 했다.

"이는 9·6 특별 조치로 일본 후쿠시마 주변 8개 현에서 생산된 수산물 수입을 원칙적으로 금지하였고, 그 외 지역의 경우에는 생산증명서와 수입검사에서 미량의 세슘이라도 검출되는 경우, 기타 핵종 검사 추가요구 등을 통해 체계적으로 일본산 수산물 수입을 관리하여 문제가 있는 일본산 수산물은 수입을 사실상 금지하게 되는 효과가 있다는 부분을 강조하여 설명하면서 "과학적 관점"이라는 표현을 사용한 것임. 아울러, 이번 특별 조치로 인해 기타 핵종 검사 시 6~8주 정도 소요되는 것을 감안하면 장기 보관에 따른 비용상승, 상품성 저하 등의 이유로 사실상 수입 금지 효과가 있기 때문에 일본산 수산물 방사능과 관련해서 문제가 없다고 답변한 것임."

자료에 의하면, 장관의 발언은 9·6 특별 조치 즉, 일본수산물 금지조치 및 관리 방침의 효과에 대해 언급한 것이라 한다.[12] 그러나 만일 이것이 사실이라면, 행정조치를 설명하면서, 과학에 대한 '전문가주의'에 편승해, 이를 일반 대중에게 과시적으로 활용한 고의성을 지적할 수 있을 것이다.

어쨌든 해수부의 해명은 별반 효과를 거두지 못했다. 그 오래전부터 많은 국민들은, 일본 근해 해류의 흐름에 대한 친절한 안내 그림이 실린 신문 보도에도 불구하고, 또 '방사능 괴담'에 대한 전문가들의 반박 주장들에도 불구하고, 우리나라의 수산물조차 소비하기를 꺼리고 있었다.[13] 주부와 시민단체는 전문가들의 말을 믿지 않고 방사능 측정기를 들고 나서기도 했지만, 그 효능에 대해서도 전적인 신뢰를 하고 있었던 것은 아니었다.

이와 유사한 상황이 2020년 10월 인플루엔자 예방접종을 둘러싸고 벌어지고 있다. 인플루엔자 예방접종 이후의 사망자 신고가 급증하고 있지만, 질병본부의 발표에 의하면 백신 접종과 고령자 사망 사이의 인과관계는 확인되지 않았고, 심혈관 질병 등 다른 원인에 의한 사망으로 추정된다고 한다. 이로 인해 일반 시민들은 A형과 B형 독감 바이러스의 종류들, 3가 백신과 4가 백신, 또 국내외 백신 제조 회사들의 제조공법 즉 유정란 배양방식인가 세포 배양방식인가 등에 대해 엉뚱한 공부를, 그것도 갑작스레 하고 있는 형편이다. 중앙재난대책본부와 보건소, 지자체 사이의 엇박자, 그리고 대한의사협회의 연기 제안과 정부의 반박으로 드러나는 바 전문가들 사이의 이견으로 인해 시민들의 불안감만 높아지고 있다.

이렇게 과학자와 전문기관의 권위가 실추되고 약화된 것에는 여러 가지 원인이 있겠지만 그 하나로, 과학이 시민에서 분리되어 '**사유화(privatization)**'되었던 것을 들 수 있다. 과학이 점점 더 기업과 자본의 이해를 반영한 것도 사유화를 촉진시킨 원인이다. 그렇다면, 과학의 권위를 회복하는 길은, 과학이 절대적이고 보편적 지식이라는 주장을 하는 것이 아니라, 단절되어버린 과학과 시민과의 관계를 회복하는 노력을 통해서 가능할 것이다.[14]

과학자와 시민, 과학자와 인문 지식인의 관계를 회복하는 하나의 방법은, 일반 시민과 과학자의 전문성 두 종류에 대한 상호인정이 아닐까 필자는 생각한다. 일반 시민이 과학에 기여함으로써 전문성을 획득하고 '과학자 되기'에 성공할 수 있지만, 이것이 전문가들의 지식을 거부하는 일이 될 수는 없다. 정보수집이나 지식이 곧 전문성과 동일시 될 수는 없을 것이라고 생각한다. 전문성의 한 요소로서의 지식에 덧붙여 암묵적인 기예 또 오랜 훈련과 경험으로 전문성은 완성될 것이다.

하지만 과학 민주화나 시민의 참여에 대해 전문가들이 날선 경계와 비판을 하는 것도 공정한 일은 아니라고 생각한다. 일찍이 부어스틴(Daniel J. Boorstin)은, **'상식'**을 업은 대중의 여론이 (역설적 진리인) **'과학'**의 진보를 가로막아서는 안된다고 〈위대한 분리〉라는 에세이에서 역설한 바 있었다.[15] 이런 주장은 과학민주화에 대한 과학자들의 비판의 선구라고 할 만하고, 아마도 앞으로도 몇 번이고 거듭 나타날지도 모른다. 그러나 이 글이 주장한 대로, 비전문가와 전문가의 분리가 만일 지식(과학)의 진보를 막는 분리라면 그것은 결코 '위대한' 분리로 칭송될 수만은 없을 것이다.

지역적 지식(local knowledge)과 토착 지식(indigenous knowledge)

우리가 삶을 영위하면서 필요한 모든 유용한 지식이 과학은 아니다. 예컨대 호박이나 오이의 모종은 언제 심을 것인가? 감자는 언제 캘 것인가? 이에 대해 초보 농사꾼이, '봄의 늦서리를 피해서', '여름 장마가 오기 전'이라는 지식을 갖고 있다면 그것은 농사현장에서 그다지 큰 도움이 되지 않는다. 그것이 농작물의 귀중한 성장기간을 놓치지 않기 위한 책략, 실제 지침을 제공하지 못할 수 있기 때문이다. 안전을 위한 지나친 조심성으로 인해, 감자 수확 직전 성장에 오히려 도움이 될 비를 흠뻑 맞출 기회를 놓치거나, 서리를 피해 모종 이식을 지나치게 늦추게 되는 경우가 발생할 수 있다. 그러므로 그것이 실용적인 지식이 되려면, 서리나 장맛비를 피할 수 있는 좀 더 세밀하고, 현장적이고 또 지역적인 지식이 필요하다고 생각한다.

북미대륙에 온 초기 유럽 정착민이 신세계의 옥수수 품종을 언제 경작해야 하는지를 물었을 때, 원주민인 인디언 추장은, "떡갈나무 잎사귀가 다람쥐 귀의 크기만큼 자랄 때 옥수수를 심으라"라고 대답해주었다고 한다.[16]

이런 종류의, 자연적 사건들의 연관과 변화에 대한 섬세한 지식은, '지역적 지식(local knowledge)', '실용적 기술(practical skill)'로 인정되거나, 때로는 '전통적 지식(traditional knowledge)', '토착 지식(indigenous knowledge)'으로 분류된다. 그런데 후자의 두 가지 명칭은 이미 잘 확립되어 있는 '과학적 지식'을 완강하게 거부한다는 부정적 함의도 또한 가지고 있다는 점을 알 수 있다.

물론 삶을 위한 실행지들은 실제적으로 도움이 되지만 어떤 의미에서는 크게 중요하지는 않은 것, 또는 근거 없고 위험한 미신에 불과한 것일 수도 있다. 반면에 과학적 지식은 그 권위가 보증되어진 것이라고 여겨진다. 과학은 전문가들의 엄밀하고 통제된 실험에 입각해 이끌어내어진 법칙에 기반하고, 그 가설들은 객관적 검증의 절차를 밟기 때문이다.

그런데 이와 같은 통상적 믿음에 대해 필자는 의구심을 품게 된다. 과학적 지식과 전문가에 대한 우리의 신용 부여는, 과학의 현장에서 대표적이고 모범적인 사례들에 의해 확고하게 뒷받침되는가? 어떤 지역의 토착민의 지역적 지식은 지나치게 폄하되고 있지는 않은가? 현재 많은 지역적 지식이 과학적 신빙성을 지닌 것으로 수용되고 있지는 않은가?

인도의 님나무(Neem)의 효능은 에코페미니스트인 반다나 시바(V. Shiva)에 의해 대표적인 생물해적질(biopiracy)의 사례로 거론될 만큼, 이미 과학적으로 인정을 받아왔다. 다국적 제약업체에 의해 이용되기 전부터 님나무는 인도에서 "마을의 약방"으로 일컬어지면서 치료제나 살충제로 사용되었다. 님나무로부터 추출된 생물농약을 사용해 동물에게 유해하지 않은 유기농법이 가능해졌기에, 유엔에서는 님나무를 구원의 나무라고 명명했다.

님나무와 달리 구전되어온 지역적 지식이 다국적 기업에 의해 약탈당하지 않고 자국의 기업에 의해 의약화에 성공한 경우도 있다. 병풀(Centella asiatica, Indian pennywort)은 우리나라 산이나 들에 흔히 나는 여러해살이풀로 '병을 치료하는 식물'이란 의미다. 이 식물은 호랑이풀(Tiger grass)로도 불리는데, 그것은 호랑이가 상처를 입었을 때 병풀에 뒹굴어 상처를 치료한다는 이야기에서 나왔다. 이 식물은 오래전 한 기업에 의해 치약제조에 활용되기도 했다.[17] 최근에는 피부 상처 치료 원료로 인정받아서 화장품과 건강기능식품에 활용되고 있다.[18] 병풀은 아메리카 원주민들에게도 기적의 만병통치약으로 구전되어 왔고, 브라질, 인도 등 여러 나라에서 민간 약재로 사용되어 왔다.

이렇게 구전되어온 지식의 또 다른 예로 하와이의 토종 식물인 하푸(Hāpuʻu)에 대한 원주민의 지식을 들 수 있다. 필자가 하와이 빅아일랜드에 거주하는 현지인에게 들은 바로는 하푸는 하와이 원주민들에 의해 여러 가지 용도 특히 통증을 감소시키는 의료용으로 사용되어 왔다고

그림 10
인도의 님나무
ⓒ 황희숙 2010

한다. 하푸는 하와이의 화산지대에서 자라는 고사리과 나무(Hawaiian Tree Fern)로 양치식물에 속하는데, 그 새순의 솜털은 플루(Pulu)라고 불리고 특히 지혈제로 사용되어 왔다. 하푸는 호주의 고사리목과는 같은 종이며, 뉴질랜드에서 흔히 볼 수 있는 고사리목과는 종이 다르다고 한다.

하와이 고사리목은 점점 사라져가고 있고, 국립 화산공원(Hawaii Volcanoes National Park)의 열대우림에서 발견할 수 있다.[19] 이런 까닭에 하푸에 대한 지역적 지식은 사장 위기를 맞이하고 있다고 말할 수 있을 것 같다. 또 킬라우에아 화산지대에서 용암에 의해 형성된 현무암 속에서 제일 먼저 자라는 토종 나무가 오히아(Ōhiʻa. 레후아 lehua는 오히아에서 피는 꽃을 가리킨다.)인데, 곰팡이균에 의해 괴사 현상이 발생해 오히아 숲은 급속히 황폐화되고 있다. 어떻게 이 나무가 검은 용암석 지역에서 제일 먼저 자라날 수 있는지, 그 생명의 비밀도 밝혀지기 어려울 것 같고, 오히아에 대한 지역적 지식들도 멀지 않아 소멸될 것 같다.

굉장한 활용 가능성을 가졌지만, 지역을 넘어 전 세계로 미쳐 알려지지 않은 토착 지식도 많을 것이다. 마다가스카르의 원주민 중 하나인 미케아 족(Mikea people)은 며칠 동안 아니 몇 주 때로 몇 개월 물을 전혀 먹지 않으면서도 생존할 수 있다. 그 까닭은 그들이 미케아 숲(Mikea forest)에서 사냥과 채집을 하는 동안 바부(Baboho)라고 알려진 식물을 섭취하기 때문이다. 바부에 대한 정보를 검색하는 일은 쉽지 않다. 바부라고 불리는 덩굴식물은 참마(yam)와 유사하고, 넓적다리만큼 큰 덩이줄기가 사람 팔 깊이의 모래에서 자란다. 부드럽고 연약한 과육, 약간 우유빛이 도는 반투명한 색깔의 바부는 수분 함량이 매우 높다. 과

그림 11

병풀(호랑이풀)

© Adobe Stock

그림 12

하푸(Hāpuʻu)와 플루(Pulu)

© https://www.lovebigisland.com

그림 13

오히아(Ōhi'a)와 오히아 나무에 피는 꽃 레후아(lehua).

레후아는 선명한 붉은 색인 경우가 많지만 노란색과 분홍색일 때도 있다.

오히아–레후아는 불의 여신 펠레에 대한 하와이 신화와 관련 있다.

ⓒ 황희숙 2023

그림 14
마다가스카르의 남서쪽 건조 우림에 거주하며 수렵채집 생활을 하는 미케아족
© https://blogderasamy.com

육에서 나오는 액체는 신선하고, 먹은만큼 물을 마시는 것과 같다. 불씨에 바부 조각을 넣으면 뜨거운 젤리를 얻어 아침 식사로 먹을 수도 있다.[20]

그런데 바부를 섭취하는 미케아족은 가시가 많은 숲의 거주민으로 곧 멸종의 위기를 맞이하지 않을까 하는 우려도 있다. 여행객의 증언에 의하면, 마다가스카르에는 수분을 많이 함유하고 있는 파키포디움(Parchypodium, 코끼리 발나무) 같은 토종 식물이 물저장고의 역할을 해준다고 한다.[21] 인류에게 재앙이 될 수자원 위기에 대해, 이에 해답을 줄지도 모를 바부와 다른 토종 식물의 활용가능성에 대해 생각하는 필자와 같은 사람의 수는 많지 않을 것이다.

지역적 지식, 토착 지식을 비과학적인 것으로 매도하는 입장은 올바른 것일까? 현대의 과학기술 사회에서 과학자와 기술자들은 다른 대안, 다른 지식의 가능성들을 보이지 않게 하거나 무의미한 것으로 만들어 버림으로써 모든 문화와 생활을 과학기술에 종속시키지 않나 하는 우려를 갖게 된다. 포스트먼(N. Postman)은 과학과 기술의 신격화로 빚어지는 이런 문화를 '테크노폴리(technopoly)'라고 부른다. 과학(만능)주의 자체도 테크노폴리의 환상이라는 것이다.

"실제로 테크노폴리를 정의하는 한 가지 수단으로, 정보의 면역체계가 망가졌다고 말하는 방법이 있다. 테크노폴리는 반정보결핍증후군(Anti-information Deficiency Syndrome)이라는 의미의 **문화적 에이즈**(cultural AIDS)이다. 그래서 다음과 같이 말을 시작하는 경우, 어떠한 말을 하더라도 반박을 당하지 않는다. '연구결과 입증된 사실은',

'현재 과학자들이 말하는 것에 따르면'."[22] (필자 강조)

테크노폴리의 특징은 과학주의, 기술만능주의이기도 하지만, 그것은 바로 과학기술에 대한 '전문가주의'이기도 하다. 이 테크노폴리의 문화에서 인문학자는 합법적인 **지식 생산자**로 여겨지지 않는다.[23] 문명의 세례를 받지 못한 미개인으로 간주되어 버리는 토착 원주민은 말할 것도 없다. 일반인도 마찬가지다. 또한 여성의 경우는 더욱 그러하다. 일반 시민이 전문적 지식의 생산자, 과학자가 될 수는 없는가? 특히 왜 여성은 전문지식의 소유자나 생산자에서 배제되어져 왔는가? 이에 대해 가장 페미니스트들은 가장 강력히 도전한다. 이른바 다른 과학, 다른 지식론의 주장이다.

5장

젠더와 전문지식

-장애물로 여겨진 여성 지식인

5장에서는 페미니스트 인식론자들이 주장한 젠더와 전문지식의 관계를 다룬다. 남성으로 이루어진 전문가 사회의 장벽에 대해, 로잘린드 프랭클린(R. E. Franklin)의 경우를 한가지 사례로 다룬다. 여성 시민으로서 과학기술 정책에 기여한 대표적인 예로 우리는 제인 제이콥스(J. Jacobs)와 레이첼 카슨(R. Carson)을 살펴볼 수 있다. 무분별하게 전문적 분야에 뛰어든 여성이라고 전문가와 과학자들 그리고 언론의 비판을 받았던 두 사람을 중심으로, 그들이 진정으로 기여한 바가 무엇인지, 왜 그것이 가치가 있는지를 규명한다.

여성주의 인식론의 의의

여성주의 인식론자들은 과학의 남성 문화적 기반에 대해 비판을 하고, '페미니스트 과학(feminist science)'의 이론적 근거와 실천적 가능성을 보여주려고 애써왔다. 사회과학 분야에서는 '여성주의 경제학', '여성주의 인류학' 등의 표현이 대두하여 활발히 논의되고, 경제 정책적인 면과 문화연구의 측면에서 하나의 '다른 과학들'이 어느 정도 수용되고 있다고 보인다.

그러나, 자연과학 분야에서는 왜 '다른 과학'이 필요한지, 무슨 근거가 있는지, 누구를 위한 것이며 과학에 어떤 기여를 할 수 있는 것인지 등에 대한 폭넓은 동의는 이루지지 않고 있다고 보인다. 그래서 페미니스트 과학이 "지금 우리가 알고 있는 과학과 근본적으로 다른 내용과 방법을 갖는 새로운 과학의 창조"를 의도하는 것인지[1], 우리 인간과 세계를 해 어떤 기여를 할 수 있는지를 따져보는 것은 의미 있는 일이 될 것이다.

페미니스트 과학연구자들은 근대과학이 남성적인 그리고 서구적이고 부르주아적인 필요와 욕망에 의해 불가분 연결되어 태동했다고 본다. 지식주체로서의 과학자/연구 대상, 객관성/주관성, 이성/감성, 정신/육체라는 이분법 쌍에서, 전자는 남성성과 후자는 여성성과 연결되어 왔다. 그래서 페미니스트의 과학연구는, 상호작용하는 여러 결합과 구분으로 구성된 망 조직의 근원, 역학, 결과를 조사한다. 성별과 과학의 이데올로기가 서로를 구성하면서 어떻게 서로 정보를 주는지를 조사한다. 이중에는 과학의 언어에 들어있는 '성 은유(gender metaphor)'에 주목한 머천트(C. Merchant), 로이드(G. Lloyd), 켈러(E. F. Keller) 같은 학자들이 있다.[2]

좀 더 급진적인 흐름으로, '다른 과학'의 가능성을 제기한 것은 허바드(R. Hubbard)와 하딩(S. Harding)이다. 이들은 사실의 구성을 말하고, 남성주의적인 과학의 발전과 교수법에 대해 비판한다. 이중 특히 하딩은 과학의 사회적 위계구조와 정치적으로 퇴행적인 의제들의 정당성에 대해서 의문을 제기해야만 하고 그럼으로써 과학비평에 진보성을 추구할 수 있다고 생각한다. 좀 더 대규모적인 의제에 관심을 가져야 한다는 점에서 하딩은 '페미니스트 입장론(feminist standpoint theory)'을 제창했다.[3]

페미니스트 입장론은 서구의 남성적인 기획에 밀접히 연루되어온 과학을 해방적 목적에 사용하기 위한 프로그램이다. 특히 **'여성 삶의 입장에서 지식을 구성하려고 하는'** 인식이론이다. 인간의 지식은 인간의 삶에 기반을 두고 관심을 가져야 하는데, 현재의 지식론에 빠진 것이 바로 여성들의 삶이라는 것이다. "여성들의 삶도 과학적 문제들의 출발점으로, 과학적 증거들의 원천으로, 지식주장의 정당성에 대한 감시자로 활용할 수 있어야 한다."고 하딩은 주장한다.[4]

이러한 주장에 대해서는 페미니즘 내부와 외부에서 비판이 가해져왔다. 특히 일종의 이론적 다원론에 대한 옹호이기 때문에 그 인식론적 입론의 이론적 토대인 바 '이론 미결정성 논제(Underdetermination thesis)'와의 연관성과 관련해 많은 비판이 있었다.[5] 긍정적으로 해석하자면 페미니스트의 '다른 과학' 주장은, 하나의 새로운 과학문화운동으로 해석될 수 있다. 반(反)남성주의이며 동시에 다문화주의와 연결되고 또한 대항문화론으로 해석될 여지가 있다.[6] 페미니스트 과학에 대한 주장은, 연구프로그램과 전략에 대한 주장으로 가장 잘 이해될 수 있다고 필자는 생각한다.

가장 주목되어야 할 부분은, 페미니스트 과학이 어떤 점에서는 '더 객관적'일 수도 있다는 주장이다.[7] 여성의 삶의 관점에서 생각을 시작하는 것은, 지배집단 내 남성들의 삶의 관점에서 보면 자연스럽거나 별 두드러진 것이 없는 것으로 보이는 가설들과 실천들을, '설명이 필요한 낯선 것'으로 만드는 과학적 관찰과 직관을 가져옴으로써, 연구결과의 객관성을 더 증대시킨다고 볼 수 있다. 여성 삶의 관점에서 생각하는 것은 지금까지 친숙했던 것을 낯설게 만드는데, 이 '낯설음'이야말로 모든 과학적 탐구의 시작이기 때문이다.[8]

그렇다면 새로운 과학에서 성별의 차이는 '과학적 자원'이 된다는 셈이다. 성별의 차이는 우리로 하여금 자연과 사회관계들에 대해 '평가 절하되고 방치된 삶의 관점'에서 질문하게 만든다. 하딩이 '강한 객관성

(strong objectivity)'개념으로 의미하는 바는, 지금 과학 안에서 대부분 조사되지 않고 간과되어 버리는 형태의 증거들, 좁게 제한된 과학적 사회가 공유하는 신념과 가정들을 확인하고 비판적으로 조사하기에 충분할 정도로 강력한 기준개념이다.[9]

해러웨이(D. Haraway)도 '체현적 객관성(embodied objectivity)'의 개념을 말하면서, "여성주의 객관성이란 단지 상황적 지식(situated knowledge)을 의미할 뿐이다"라고 말한 바 있다.[10] 해러웨이의 시각론에 의하면, 초음파 검사, MRI, 위성감시 체계와 같은 현대기술이 제공하는 시각은 일종의 거짓 시각이다. 그것은 존재하지 않는 곳에서 모든 것을 보려는, 무한한 시력이라는 환상을 나타내며, 그 점에서 전능하고 초월적인 신을 흉내 내는 속임수일 뿐이다.

이런 속임수 기술이 근대과학의 객관성 논쟁을 변형시켰다고 보는 해러웨이는, 오직 부분적 시각만이 객관적 시력을 약속한다고 주장한다. 해러웨이에 따르면 객관성은 특별하고 특수한 체현에 관한 것이지, 모든 제한과 책임의 초월을 약속하는 거짓 시력에 관한 것이 아니다. 페미니즘의 객관성은 주체와 대상의 초월 및 분열에 대한 것이 아니라, '제한된' 위치 및 '상황적' 지식에 관한 것이다.

하딩과 해러웨이의 주장은 여성 삶의 관점, 특정하고 부분적이고 제한된 시각이 오히려 더 합리적인 시점이며, 더 객관적인 연구자원을 제공하며, 과학의 출발인 의문의 가능성을 열어둔다는 것이다. 여성주의와 여성주의적 가치가 과학을 재창조할 자원을 제공한다는 측면에 주목해 우리는 새 과학이 어떤 방향으로 나갈 수 있는지, 구체적으로 어떻게 달라질 수 있는지에 집중해야 할 것 같다. 그래서 여성주의적 가치가 과학연구에 영향을 미친 실제 사례들을 검토해 보는 일이 중요하게 대두된다.

페미니스트 과학론의 철학적 의미는 아직 철저히 규명되고 있지 않다. 필자가 주목하는 것은 두 가지다. 첫째, 이들이 주장하는 여성의 삶에서 출발하는 과학은 자연과학이라기보다는 일종의 **사회과학**이라고 볼 수 있다. 하딩에 의하면, 지식대상들(자연)은 결코 사회적 기원, 이해관계, 가치관, 사회사상 속에서의 그들의 지난 '경력들'의 결과를 벗어던지고 오는 법이 없기에, 자연과학을 비판적 사회과학에 속하는 것으로 생각해 봐야 한다.[11]

둘째 페미니스트 과학의 주제는 지식 주체를 단순히 확대하는 데서 그치지 않는다. 현행 과학의 **엘리트주의** 특히 남성전문가주의를 교정하는 데로 나가게 됨에 주목할 필요가 있다. 과학을 비롯한 모든 문화, 제도 내부의 사람들은 자기들의 활동을 비판적으로 볼 수 있는 좋은 위치에 있지 않기 때문에, 페미니스트 과학을 실행하려는 페미니스트들은 과학 외부, 즉 실험실 외부의 페미니스트들도 필요로 한다는 것이 중요하다. 실험실에서의 현장 전문성만으로는 실험실 삶에 대한 설명을 제대로 할 수 없을 것이기 때문이다.[12]

전문가로서의 여성?

그렇다면 기존 과학이라는 제도권에서 여성 과학자는 전문가로 인정받아왔는가? DNA의 X선 회절 사진을 찍은 로잘린드 프랭클린(R. E.

Franklin)의 경우를 살펴보자. 1962년 노벨 생리학 · 의학상 수상자인 제임스 왓슨(J. D. Watson)은 『이중나선』에서 프랭클린을 포함한 다섯 명의 과학자들이 DNA 구조 해명을 놓고 벌인 경주에 대해 자세히 묘사하고 있다. 왓슨은 1951년에서 53년 사이에 케임브리지 대학의 캐븐디쉬 연구소에서 DNA 연구를 하고 있었다.

프랭클린은 킹즈대학(King's College)에 있던 모리스 윌킨즈(Maurice Wilkins)에게는 처음부터 골치 아픈 존재였다. 연구 보조를 기대한 윌킨즈의 생각과 달리 그녀가 "DNA는 그녀 자신의 연구과제라고 주장하고 윌킨즈의 조수로 온 것이 아니라"고 맞섰기 때문이었다.[13] 로지(Rosy)라는 이름으로 불린 프랭클린에 대한 왓슨의 다음 묘사들을 보면 전문 여성 과학자에 대한 편견이 윌킨즈만의 시각이 아니었음을 알 수 있다.

> 윌킨즈는 로지가 곧 마음을 가라앉힐 것을 처음에는 바라고 있었으나 좀 두고 보니 도무지 그녀가 꺾일 것 같지가 않았다. 그녀는 여자다운 면을 겉으로 나타내는 것을 일부러 피하고 있는 것 같았다. ..(중략) 마치 어떤 욕구불만인 어머니가 딸이 변변치 못한 사내와 결혼하여 한평생 고생만 할까 봐 그 딸에게 **전문적 직업**을 몸에 익히도록 지나치게 극성을 부린 결과 로지와 같은 여자가 만들어졌다는 그런 인상이었다.[14] (필자 강조)

1951년 말 프랭클린이 DNA에 대한 세미나를 할 때의 묘사도 있다. 이 시점에서 왓슨은 동료 프랜시스 크릭(Frandis Crick)의 6주간의 설명을 듣고, 문제의 핵심은 로지의 새 X선 사진이 DNA의 나선구조를 뒷

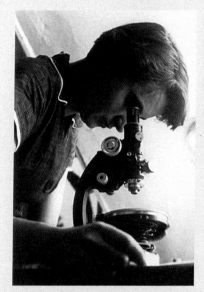

그림 15
로절린드 프랭클린(R. Franklin, 1922-1958) vs. 제임스 왓슨(J. Watson, 1928-)

받침하는가 안하는가에 있다는 것을 알게 된다. 그만큼 프랭클린의 결정 X선 회절상의 설명이 중요했던 순간이었다.

> 로지는 약 15명의 청중을 앞에 놓고 신경질적으로 빠른 말씨로 이야기를 시작하였다. 그녀의 말투에는 따뜻한 느낌도 없었고 천박한 느낌도 없어서 낡고 살풍경인 강의실에 딱 어울렸다. 그러나 나는 그녀를 도무지 매력이 없는 여자라고는 생각하지 않았다. 나는 그녀가 안경을 벗고 머리를 조금만 우아하게 손질을 하면 어떤 모습일까 하고 순간적으로 상상해보기도 했다.[15]

『이중나선』에서 왓슨이 프랭클린에 대해 그녀가 여성이라는 점에서 편향된 묘사를 하고 있는 것은 분명하다. 특히 23장에서는 로지가 방문을 쾅하고 닫거나, 자기가 그녀에게 "얻어 맞았을" 수도 있다고 여기는 장면도 있다. 프랭클린은 사납고 무례한 괴짜로 여겨진 것이다.

그러나 중요한 문제는 이것이 아니다. 윌킨즈는 왓슨이 로지와 불편한 일을 겪은 후 왓슨을 부드러운 태도로 즉, **'동지'**요 **'전우'**로서 대해주게 된 점에 주목할 필요가 있다. 왓슨의 말에 의하면, "게다가 그는 그의 조수 윌슨을 시켜 **로지와 고슬링의 X선 사진 몇 장을 몰래 복사해두었다**는 말까지 나에게 해주었다."(강조 필자)[16] 1952년 프랭클린이 찍은 이 B형의 X선 사진을 보는 순간 왓슨은 검은 십자형의 반사 무늬가 나선 구조에 기인한다는 것을 확신할 수 있었다.

모리스 윌킨즈, 로절린드 프랭클린, 라이너스 폴링(Linus Pauling)과 더불어 프랜시스 크릭, 제임스 왓슨 이 다섯명의 과학자가 벌인 경주에

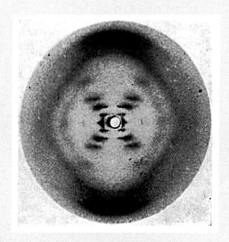

그림 16
"Photograph 51"로 알려진 프랭클린의 DNA "B형" X−선 회절사진
© Wikipedia

그림 17
왼: 제임스 왓슨(James Watson), 오: 프란시스 크릭(Francis Crick)
© https://www.bbc.com

서 승리는 1962년 노벨상을 공동수상한 윌킨즈와 크릭, 왓슨에게 돌아갔다. 『이중나선』의 후기에서 왓슨은1958년에 사망한 프랭클린의 업적을 추모하면서 "성실하고 고매한 인품에 대해 아낌없이 경의를" 표하고 있다.[17]

필자는 과학공동체 내에서 프랭클린이 동료로서 받았던 대우에 주목하고 싶다. 윌킨즈가 계속 왓슨에게 하소연하고 불평한 대로, 프랭클린은 그야말로 "협조 정신의 결여"[18] 때문에 동료로 제대로 인정받지 못한 것인지도 모른다. 연구팀과 경쟁팀을 막론하고, 동료 과학자로 존중을 받으려면 먼저 동지와 전우가 될 수 있어야 한다.

여기서 잠시 화제를 돌려 우리의 원래 문제를 환기해 보려 한다. 전문가인 여성과학자가 어떻게 부당한 대접을 받았는가가 초점은 아니다. 필자가 제기한 문제는 첫째로, 과연 전문가가 아닌 일반 시민들이 전문가의 과학적 지식과 공학기술, 또 과학기술 정책에 대해 끼어들거나 비판할 능력을 갖출 수 있을까? 그런 실제 사례들이 있는가? 둘째로, 만일 과학과 기술의 어떤 측면에 비전문가가 개입할 수 있다면, 어떤 실질적 기여가 가능한가? 어떻게, 어떤 기작으로 그런 일이 진행되고 승인될 수 있겠는가? 이런 두 가지 문제에 필자는 초점을 맞추고자 했다.

이를 위해 먼저 과학기술 정책과 관련한 전문성에 대한 더 **예외적인** 도전을 보여주는, 두 개의 사례를 들고자 한다. 금세기 들어 아주 괄목할 만한 큰 자취를 남긴 두 **여성 시민**의 활약을 살펴보기 위해서다. 제인 제이콥스(J. Jacobs)와 레이첼 카슨(R. Carson)이 바로 이 사람들이다.

그들은 일부 전문가들 사이에서는 아마추어 또는 훼방꾼이나 장애물로 간주되어 왔다. 제인 제이콥스와 레이첼 카슨은 도시학과 환경학에 지대한 영향을 끼쳤지만, 그 전문성을 계속 의심받아 왔기에 일반 시민, 비전문가의 범주에 귀속시켜도 무방할 듯하다.

놀랍게도 베티 프리단(B. Friedan), 레이첼 카슨, 제인 제이콥스는 모두 1960년대 초 거의 동시에, 같은 여성으로서 획기적인 업적을 남기고 영향력을 행사한 인물이었다. 프리단의 63년 작『여성의 신비 The Feminine Mystique』는 현대 여성운동의 출발점이 되었고, 카슨의 62년 작『침묵의 봄 Silent Spring』은 인류 환경의 역사를, 제이콥스의 61년 작『미국 대도시의 죽음과 삶 The Death and Life of Great American Cities』은 도시계획의 역사를 바꾸었다. 이 여성들은 모두 '무분별한' 사람 그래서 위험한 여성, 그저 주부일 뿐인데도 미지의 영역에서 모험을 하면서 분란을 일으키는 문외한 취급을 받았다. 마치 '제자리를 벗어나(out of place)' 잘못된 장소에 자리하여 성가시게 하는 잡초와 같은 존재였다. 잡초가 '잡초'로 규정되는 이유는 지금 그들이 발견되는 장소가 그들에게 어울리거나, 적합한 장소가 아니라고 여기기 때문이다. 하지만 논과 밭의 작물들과 잡초가 본질적으로 차이가 나는 것은 아닐 것이다. 다만 사람들이 그것이 '제자리에 있지 않은(misplaced)' 것이라고 여기고 있을 뿐이다. 식물과 마찬가지로 지적인 문제에 연루된 사람도 그 성과물의 경제성, 지적 성취도, 역사적 영향력 등에 의해 다른 평가가 가능하리라 본다.[19]

전문가 사회의 장벽 1 – 제인 제이콥스(J. Jacobs)의 사례

제이콥스의 『미국 대도시의 죽음과 삶』은 조직과 사회구조를 보는 기존 방식과 관점을 바꾼 책이다. 제이콥스는 1956년 하버드 대학에서 강연을 하면서, 당시의 하이모더니즘(high modernism)에 의거한 도시계획의 비전을 비판했다. 이 강연은 〈포천〉지에, "주민을 위한 다운타운 Downtown Is for People"으로 게재되고, 내용이 확대되어서 1961년 저서로 출판되었다. 하이모더니즘의 이데올로기는 과학적, 기술적 진보, 생산의 증대, 인간의 필요에 따른 만족의 증가, 자연에 대한 정복, 자연법칙에 대한 과학적 이해에 상응하는 사회질서에 대한 합리적 설계에 관련해 갖고 있는 확신을 가리킨다. 이 하이모더니즘의 강력한 버전은 스콧(J. C. Scott)에 따르면 과학과 산업의 진보가 초래한 부산물이다.[20]

제이콥스는 도시 재건에 대한 자신의 공격이 미국의 도시들을 겨눈다고 믿었다. 하지만 국내외를 막론하고 적용되었던 바, 하이모더니즘의 대표자인 르꼬르뷔지에(Le Corbusier)의 원칙들이 제이콥스의 실제 표적이 된 셈이다. 그때까지 제이콥스의 경력은, 고교 졸업 후 기자, 속기사, 프리랜서 작가를 제외하면, 〈건축 포럼 Architectural Forun〉이라는 건축 저널의 편집 차장을 지낸 것이 전부였다. 결국 제이콥스는 건축에는 경력과 식견이 있었으나, 도시문제에는 비전문가였다고 말할 수 있다.

제이콥스의 책은 도시계획을 넘어서서 바람직한 삶의 모습이 제시되고 있다는 점에서 주목을 끈다. 제이콥스가 뉴욕 맨하튼 남동쪽, 그리니치 빌리지(Greenwich Village), 허드슨 스트리트(Hudson Street)의 작은 구역에서 펼쳐지는 일상적 삶을 묘사하는 부분은 저서 중 가장 인상적인 부분이다. 이것은 제이콥스가 보도의 효용에 대해 주장한 부분들이다. 제이콥스에 의하면, 외견상 무질서한 듯 보이는 도시 아래에는 불가사의한 질서, 복잡한 질서가 존재한다. 이 질서의 본질은 "끊임없는 얽히고 설킨 보도이용과 그 결과물인 끊임없는 보는 눈의 연속"이며, 어느 장소든 항상 새로운 '보도 발레' 공연이 도시에 즉흥적으로 펼쳐진다고 제이콥스는 말한다.[21] 이웃, 보도, 교차로에서의 미시적 질서와 관련한 민속지학(ethnography)을 통해, 말하자면 거리 차원에서, 제이콥스는 참신하고도 일상적인 도시사회학의 비평을 하고 있다.

당시 도시계획가들과 뉴욕의 대규모 개발 프로젝트를 주도했던 로버트 모시스(R. Moses)와 같은 브로커들은 질서를 기계적인 것으로만 생각했다. 모시스는 도시 재개발(urban renewal)이라는 이름 아래, 1955년 맨하튼 남부 고속도로 건설계획 등으로 제이콥이 애착을 가진 그리니치 빌리지(Greenwich Village) 같은 인간적인 동네를 파괴하려 했다.[22] 모시스의 재개발(재생)프로젝트에 저항했던 제이콥스는 도시를 기계적인 관점이 아닌 유기적인 관점에서 보았고, 도시라는 생태계가 제대로 기능하기 위해 '다양성'이 있어야 한다고 주장했다. 제이콥스가 역설한 이 '다양성'이라는 개념 하나로도 그녀는 노벨상을 받을 자격이 충분하다는 세간의 평가도 있다. 다양성, 용도 혼합 그리고 복잡성은 제이콥스의 핵심 가치어인데, 이것은 주거지와 쇼핑구역, 직장이 섞여 있을 때 그 지역이 더 재미있고, 더 편리하고, 더 매력적인 것이 되리라는 믿음의 표현이다.[23]

그림 18
제인 제이콥스(Jane Jacobs, 1916–2006) vs 로버트 모시스(Robert Moses, 1888–1981)
© Wikipedia

제이콥스가 말한 건강한 공동체는 우연한 만남들, 자발적인 대화, 작은 모임 장소, 또 지속적인 탄력성을 제공해 역동적인 질서를 창출하게 하는 환경을 갖춘 것이다. 단조로움, 천편일률, 표준화에 저항하고, 기득권층의 부와 기념물 선호 취향을 비판하면서 대신 우연(serendipity)을 찬양했던 제이콥스의 관점은 열렬한 대중의 지지를 끌어냈고 이후 도시계획가들의 작업가설에 대거 편입된다. 평범한 시민으로서 제이콥스는 기술공학과 정책에 변화를 가져온 성공한 시민운동가이자, 시대정신을 바꾼 여성으로까지 평가되고 있다. 하지만 모두가 이러한 평가에 동의하는 것은 아니었다.

뉴욕시 주택 행정관이고 〈뉴욕 타임스New York Times〉의 도시 관련 칼럼니스트였던 로저 스타(Roger Starr)는 도시계획 전문가의 관점에서 아마추어들을 통렬하게 비난했다. 도시전문가들을 방해하는 훼방꾼 여럿 중 제인 제이콥스도 포함되었다. '지역사회'라는 개념은 미국 도시에서는 찾아볼 수 없는 것이고, 어쩌다 유명해진 감상적인 아마추어들이 만들어낸 상상의 나래에 불과하다는 것이 로저 스타의 주장이었다.[24] 그의 견해에 의하면 지역사회라는 것이 없기 때문에, 어떤 지역을 파괴해서 강제로 사람을 이주시키는 도시 재개발 계획에도 문제될 것은 없다.

(지역사회는) 비평가들의 잘못된 추정, 즉 **선량한 의도를 가진 아마추어** 다수가 열정적으로 참여해 만들어낸 추정이다. 그들은 두 명 이상의 사람들이 서로를 해치지 않으면서 사는 주거지라면 무조건 지역사회라는 용어를 갖다 붙인다. 하지만 누군가 진짜 세상을 움직이

기를 원한다면, '위험: 니트로글리세린 주의' 같은 말처럼 진짜 도움
이 될 때에만 지역사회라는 단어를 사용해야 한다."[25](필자 강조)

이 글을 보면 스타의 주 과녁이 제인 제이콥스였음이 분명하다. 과연
스타가 믿듯이 지역사회를 화물열차 칸처럼 분해해서 뚝딱 다시 조립하
여도 되고, 그 안에 살고 있던 사람들이 이주로 인해 겪는 고통과 감정
적 혼란이 실재하지도 않는 것이었을까? 어쨌든 로저 스타는 아마추어
를 경멸한 전문가였고, 그에게 제이콥스는 위험한 인물이었다. 제이콥
스는 세상 물정 모르면서도 서슴없이 개입하려고 나서는 주부 같은 존
재로 그려진다.

> 미국의 도시비평가들은 술 취한 남편에게 바가지를 긁는 아내처럼
> 이야기 한다. 피해자가 간단한 질병을 앓고 있기 때문에 단순한 치
> 료법만 있어도 충분하다는 황당한 자신감이 엿보인다. 아내는 남편
> 에게 일을 마치고 사무실을 나올 때 첫 번째 술잔만 피하면 된다고
> 말한다. (중략) 마찬가지로 제이콥스는 도시에(혹은 남편에게 하듯), 위험
> 한 도시개발자와 어울리지 말고 홀로 떨어져 있으면 된다고 말한다.
> (중략) 인공 비료를 사용하지 않는 정원 가꾸기처럼 건설적인 취미를
> 가지라고 닦달한다.[26]

도시공학의 이론적, 실천적 지형에 제이콥스가 기여한 부분과 관련해
필자가 주목하는 점은 스콧(J. C. Scott)이 지적했듯이, 제이콥스의 관점
이 '여성적 시각'이라는 사실이다.[27] 제이콥스의 도시에 대한 경험은 상

품과 서비스를 획득하거나 노동을 위해 매일 출퇴근하는 환경 이상이었다. 제이콥스가 거리를 보는 관점은, 볼일을 보러 나선 쇼핑객, 유모차를 미는 엄마, 뛰어노는 아이, 커피를 마시거나 간식을 먹는 친구, 함께 걷는 연인, 창밖을 보는 사람, 손님과 거래하는 상점 주인, 공원 벤치에 앉아 있는 노인의 시각이었다. 도시계획가가 도시를 공중에서 내려다보았다면 제이콥스는 도시를 자신의 삶 속에서, 일상의 보행자로서 보았던 것이다.

엄마이면서 아내의 시각으로, 거리에서 벌어지는 일상적인 행동들을 주의깊게 관찰한 결과는, 인간의 수많은 활동이 광범한 목표와 만족을 추구하고 있다는 사실에 대한 이해로 이끈다. 반면에 하이모더니즘 도시계획은 인간의 활동을 명확하게 정의한 단일 목적에 일치시키는 단순화된 형태를 요구한다. 이 단순화는 직장과 거주지의 기능적 분리, 또 이 두 가지와 상업지구의 엄격한 격리라는 원칙으로 연결된다. 제이콥스는 거리에 대한 관점에서 출발해, 인간의 행위 속에 내포된 목적의 엄청난 다양성을 발견하고 인식했다. 도시의 목적은 이처럼 풍부한 다양성을 북돋우고 조화시키는 것이지 방해하는 것이 아니다.[28]

도시 건축설계가와 도시계획가는 대부분 남성인데, 그들은 이상하게도 사람들이 사는 모든 곳에서 통상적인 낮시간에 남자의 존재를 배제하는 쪽으로 계획하고 설계한다. 그들은, 주거생활을 계획할 때 "믿을 수 없을 정도로 할 일 없는 가정주부와 취학 전 아동의 일상적 요구를 가정해 놓고, 그런 요구를 충족시키는 것을 목표로 삼는다. 다시 말해 그들은 모계제 사회를 위해 도시를 계획한다."[29] 이런 모계제의 이상은 주거가 생활의 다른 부분과 고립되는 도시계획을 불가피하게 수반하

그림 19
항의집회에 참여하고 있는 제인 제이콥스
© Wikimedia Commons

게 된다. 하지만 실로 아이들에게는, 남성과 여성 모두로 이루어진 일상 세계에서 자랄 기회, 또 활기차고 다양한 도시 보도에서 놀며 자라는 기회가 주어져야 한다. 그러므로 제이콥스가 보기에 당시의 도시계획 이론이 다양성을 조화시켜야 한다는 도시의 목적을 이루는 데 실패하는 것은, 젠더(gender) 문제, 젠더화된 일상 삶과 상관이 있는 것이었다.

제이콥스는 전문 도시계획가와 개발업자들의 재개발 논리, 대대적인 이주에 대해 비판을 했다. 그래서 도시개발자인 모시스에 맞서 싸웠던 것이다. 결국 모시스와의 논쟁에서 승자는 제이콥스였다. 제이콥스는 토지를 특정한 하나의 용도로 구분하는 '단일 용도 지역제(single-use zoning)'를 선호하는 도시계획을 비판하고, 한 지구 내에 주거 기능, 상업 기능, 여가 기능 등 상호 보완적인 여러 기능들이 함께 수행되도록 하는 '복합 용도 지역제(mixed-use zoning)'을 옹호했다.[30] 필자가 보기에 제이콥스가 파괴로부터 지킨 것은 뉴욕시의 일부 구역 그리니치 빌리지의 16개 블록들만이 아니고, 도시 내의 인간의 유기적 삶, 그 속의 다양성이었다.

전문가 사회의 장벽 2 - 레이첼 카슨(R. Carson)의 사례

2차 세계 대전 후 식량보급의 취약성을 우려한 영국과 미국 정부의 방침에 따라 생산성 증가라는 명목 하에 화학비료와 살충제가 맘껏 뿌려지고 있던 시절이 있었다. 해양생물학 전공자로서 바다에 관한 책을 출간해 이미 베스트셀러 저자였던 카슨은, 1962년『침묵의 봄』에서, DDT가 사실상 모든 곤충들을 무분별하게 절멸시키고, 먹이사슬 전체에 파괴적인 영향을 미친다고 주장했다.

살충제의 영향이 새에게 직접 전달되고 인간에게까지 도달해 암이나 다른 질병을 일으킨다고 설명하면서 카슨은, 미래에는 새들이 하나도 남지 않아 봄에도 새들의 지저귐 소리가 없이 고요할 것이라고 경고했다. 이 상황은 제 1장 '내일을 위한 우화'에서 서정적인 문체로 그려져 있다. 8장 '새는 더 이상 노래하지 않고'는, 새의 노랫소리가 사라진 마을의 이미지를 핵겨울에 버금가는 악몽으로서 대중의 의식에 각인시켰다. 카슨이 말한 울새는 미국인에게 봄의 전령이었고, 멸종이 임박한 독수리는 오래전부터 미국을 상징하는 동물이었기 때문에 카슨의 책은 미국민에게 큰 충격을 던졌다.[31]

환경연구가인 맥길리브레이(A. MacGillivray)에 의하면 미국시민들이 당시 카슨의『침묵의 봄』에 열광한 또 다른 이유가 있다. 그것은 1959년에 일어난 크랜베리의 제초제 성분 검출사건이다. 크랜베리의 유통금지를 둘러싼 청문회는 카슨에게는 연구 착수를 위한 계기가 되었으며, 책의 출판 후, 큰 성공을 거둔 것도 이 시기에 맞아 떨어진 점과 연관이 있다.

카슨의 책에 대해 생화학회사 몬산토가 이끄는 로비 단체들은 격렬한 항의를 했고, 화학산업계는 살충제를 쓰지 않아 야기될 토지의 황폐와 흉년에 대해 설명하는 식의 대응을 했다. 하지만 카슨이 제시한 증거는 시민들의 강렬한 반응을 불러 일으켜 냉전 시대였음에도 불구하고 정부

그림 20

제초제 성분이 검출된 크랜베리 사태로 인해, 미국인 가정은 1959년 추수감사절을 크랜베리 소스 없이 지내게 되었다. 이 위기는 "크랜베리 대공포 The Great Cranberry Scare" 또는 "추수감사절의 패닉 Thanksgiving panic"이라 불렸다. 크랜베리 대공포에 대한 뉴스가 1959년 11월 15일자 워싱턴 포스트지 1면에 실려있다.

© https://www.washingtonpost.com

차원의 신속한 조사가 이루어지고, 환경보호국이 신설되고, 미국과 유럽 정부가 곡물에 대한 DDT 사용을 금지하도록 하는 데 기여했다. 카슨의 책은 최초의 녹색 선언이었고, 1970년대 초에 전 세계적인 환경운동을 일으킨 산파였다. 그 책은 당시 분파적이고 소규모로 전개되고 있던 자연보호 운동과 인간의 건강을 생각하는 환경운동을 통합시켰다고 평가되고 있다.

『침묵의 봄』은 좁게 보면 DDT와 살충제가 야생생물과 사람에게 야기하는 영향을 다룬 생태학 책이다. 카슨이 책 앞부분에서 언급한 첫 번째 화학물질이 DDT가 아니라 방사능 요소인 스트론튬 90이라는 점에 주목한 학자들은, 카슨이 비밀핵실험과 핵비축에 대항하기 위해 책을 썼다고 주장하기도 했다. 그러나 넓게 보면, 기술 발전과 '자연의 통제'에 대한 맹신을 비판하는 과학기술 사상서다. 그렇지만 생태계를 파괴하는 현대 과학기술의 현황을 지적함으로써 **새로운 인간-자연 관계**의 설정을 제안한 카슨의 커다란 비전이 그녀의 사후에 제대로 계승되었는가, 단순하게 환경산업의 문제로 축소 해석되었는가에 대해서는 아쉬움이 남아 있다.

카슨의 고발 이후, 많은 새로운 환경산업이 열리게 되고, 오염학자와 계기회사와 연구보조금을 찾는 연구자들과 언론 매체들에게 새로운 담론 영역이 열린다. 그후 모든 것은 발암물질과 방사능을 측정하고 조사하는 일에 쏠리게 되었다. 카슨의 비전은 본래 그 관심이 자연 세계에 두어졌던 것임에도 불구하고, 사회적 반응은 편협하고 인간중심적 이해관계로 집중되게 된다. 즉 인간에게 가해지고 있는 위험에만 초점을 둠으로써, 우리가 우리 주위의 자연 세계를 파괴하고 있는 사실은 망각되어져 버렸기 때문이다.

카슨이 살충제의 위험을 처음 발견했거나 처음 지적한 전문가도 아니었다. 카슨이 집필을 위해 자료를 모을 당시인 1960년 무렵에는 삼림지대뿐 아니라 교외의 농경지, 뒤뜰, 목장에까지 DDT가 살포되었기에 양봉업자나 농부, 낙농업자들은 잔류 DDT로 인해 엄청난 경제적 손실을 입고 있었다. 그러나 1948년 (DDT의 살충력을 알린) 스위스 과학자 뮐러(P. H. Müller)가 노벨상을 타기 이전부터, 과학계에는 DDT에 대한 의혹이 이미 제기되기 시작했고, 물고기와 새의 죽음, 또 사람을 대상으로 한 독성실험에서의 사망자에 대한 보고가 있었다.

카슨의 책이 일반 대중에게 호소력이 있었던 이유는, 과학 지식에 대한 명쾌하고 쉬운 설명, 충격적인 통계자료, 강렬하고 정확한 문체, 평범한 '주부'들의 개인적인 이야기 인용, 두운 사용과 같은 여러 수사적 장치 때문이기도 했다. 하지만 이것이 과학자들과 비평가들로부터 많은 오해와 비판을 받게 된 이유이기도 했다. 카슨의 목적은, '네안데르탈인'처럼 조야한 무기로 자연을 정복하려 하고 있는 거대 화학회사에 맞서 싸우는 것이었다. 카슨의 핵심 사상은 주목할 만한 큰 의미가 있는데 그것은 다음 구절에 축약되어 있다.

"새롭고 상상력 풍부하며 창의적인 접근법은 이 세상이 인간만의 것이 아니라 모든 생물과 공유하는 것이라는 데에서 출발한다. 우리가 다루는 것은 살아 있는 생물들, 그 생명체의 밀고 밀리는 관계, 전진과 후퇴이다. 생물들이 지닌 힘을 고려하고 그 생명력을 호의적인 방향으로 인도해 갈 때, 곤충과 인간이 납득할 만한 화해(조화)를 이루게 될 것이다. 생태계는 한편으로 너무나 연약해 쉽게 파괴되고 다른 한편으로는 믿을 수 없을 정도로 튼튼하고 회복력이 강해서 예상치 못한 방식으로 역습해 온다. 아무런 고결한 목적도 없고 겸손하지도 않은 화학방제 책임자들은 자신들이 다루고 있는 자연의 위대한 능력을 계속 무시해왔다. **'자연을 통제한다'는 말은 생물학과 철학의 네안데르탈 시대에 태어난 오만한 표현으로, 자연이 인간의 편의를 위해 존재한다는 의미로 이해된다.** 응용곤충학자들의 사고와 실행 방식을 보면 마치 석기 시대로 거슬러 올라간 듯한 느낌을 준다. 그렇게 원시적인 수준의 과학이 현대적이고 끔찍한 무기로 무장하고 있다는 사실, 곤충을 향해 겨누었다고 생각하는 무기가 사실은 이 지구 전체를 향하고 있다는 사실이야말로 크나큰 불행이 아닐 수 없다."[32](필자 강조표시)

카슨이 두려워한 자연에 대한 전쟁은, 당시 과학계의 '남성적' 사고방식에 그 책임이 있다고 우리는 말할 수 있다. 그 사고방식이란 바꿔 말하면, **자연에 대한 정복과 지배**라는 베이컨(F. Bacon)적인 '과학에 대한 비전'이다. 이 비전에 의하면, 인간의 지식과 권력이 하나로 만나는 곳이 과학이고, 권력에 대한 인간의 선천적 야심이 건설적이고 숭고한 인간적인 분출구를 발견하는 곳이 바로 과학이다. 과학(자)의 남성적 힘은, 자연을 인간에게 유용하도록 만들고 자신들의 노예로 만드는 능력을 의미한다. 과학이 어떻게 그런 권력을 얻을 수 있고, 과학이 취해야 할 모습은 무엇인가하는 물음에 답하기 위해 베이컨은 성의 이미져리를 사용했고, 자연과 인간의 결합을 여성에 대한 정복으로 묘사했었다.[33]

필자가 레이첼 카슨에 주목하는 이유는 카슨이 비전문가로서 생물학과 화학적 지식, 그리고 과학기술 정책에 역사적인 영향력을 행사하였으면서도, 당시부터 오늘날까지 양면적인 평가를 받고 있는 사례이기 때문이다. 카슨이 해양과학에 대한 대중서를 쓴 후 1952년 전미 도서상 수상 연설에서, "과학지식이 연구실에 갇혀 성직자처럼 살아가는 극소수의 특권이라"는 가정에 대해, "그것은 사실이 아니며, 사실일 수도 없다"[34]라고 일종의 선제적 비판을 한 사실은 특히 주목할 만하다.

십 년 후, 『침묵의 봄』이 출판되자 산업계와 정치인, 언론이 카슨에게 가했던 인신공격 중에는, "무분별한", "미지의 영역으로 모험의 발을 내디딘 작가"라는, 그녀의 비전문성을 지적한 언사들이 포함된다. 비전문성에 대한 비판을 사전에 예감이라도 한 듯 카슨은 이렇게 말했다. 전문가와 자신의 역할과 특성을 구분해 인식하고 있는 점이 흥미롭다.

> "사람들, 특히 전문가는 무슨 일에 대해 반대하고 나서는 것을 주저한다. 특히 충분히 의심은 가지만 '그 무엇'이 잘못되었다는 확실한 증거가 없는 경우에는 더욱 그렇다. 그래서 그들은 개인적으로는 크게 염려하면서도 어떤 계획이 진행되는 것을 그냥 수수방관한다. 따라서 나는 긍정적인 대안을 만드는 것이 가장 중요하다고 생각한다."[35]

과학자로서의 자격에 의문을 제기하는 비판이 카슨에게는 큰 상처가 되었을 것이다. 어쨌든 카슨은 화학자, 생물학자와 같은 전문과학자 집단에 낄 수 없는 그냥 문외한으로서의 '카슨 여사'였다. 당시 산업계의

그림 21
레이첼 카슨(Rachel Carson, 1907-1964) vs 화이트-스티븐스(R. White-Stevens, 1912-1978)
© Wikipedia

대변인이자 생화학자였던 화이트-스티븐스(R. White-Stevens) 박사의 말을 그 예로 들 수 있다.

> "논쟁의 요점은 **카슨 여사**가 자연의 균형이 인간의 생존을 좌지우지하는 중요한 요소라고 주장하는 반면, **화학자와 생물학자와 과학자는** 인간이 자연을 계속해서 통제해가고 있다고 믿는다는 것이다."[36](필자 강조)

카슨의 책은 그 저술방식도 또한 비과학적이고 비전문적이라는 비판에 시달려야 했다. 카슨이 과학자가 아니라 저널리스트일뿐이라고 공격한 사람들 중 대표적인 인물은 영양재단(Nutrition Foundation)의 킹(C. G. King) 회장이었다.

> 그 책은 거의 전적으로 부정적이거나 오래전에 나온 선별된 정보만을 제시함으로써 대단히 왜곡된 그림을 그리고 있다. 게다가 저자는 전문 저널리스트이다. 자신이 논의한 그 분야에서 연구하는 과학자는 아니라는 말이다. 그래서 카슨은 증거를 인용하거나 해석하는 데 객관성을 유지하지 못함으로써 과학의 가장 중요한 본질을 놓치고 있다.[37]

언론이 카슨에게 "무분별한", "미지의 영역으로 모험의 발을 내디딘 작가"라는 인신공격을 계속했지만[38], 카슨은 해양생물학자라는 과학자로서 전문성을 가진 저자였다. 카슨은 책을 집필하는 동안 그리고 원고를 마친 후에도 여러 과학자들의 감수와 도움을 받았다.[39] 『침묵의 봄』 후반부에서 소개된 자연방제, 여러 가지 생물학적 방제법은 여러 전문가들의 도움을 받았음을 보여준다. 한글 번역본에는 카슨이 기록한 참고문헌이 40 페이지에 이른다. 카슨이 베스트셀러 작가 이전에 생물학자라는 점을 간과한 비판가들의 공격에는 아마도 『침묵의 봄』이 대중에게도 이해되기 쉽게 쓰여진 점 즉, '높은 가독성'이 일정 부분 역할을 했으리라 생각한다. 읽기 쉽다는 점은 그것이 과학적 사실과 정확성에 의해 뒷받침되지 않았으리라는 오해를 불러일으킬 수 있기 때문이다.

『침묵의 봄』이 과학계 일부에서는 환영받았지만, 주류에 속한 과학자들은 카슨을 대중을 위해 글을 쓴 작가로 여겼다. 이것은 카슨의 저술이 비과학적이라고 여겨진 내러티브를 구사하고 있었기 때문이기도 하다. 카슨은 자신이 새 애호가, 고양이 애호가, 물고기 애호가, '자연을 섬기는 여제사장', '우주의 법칙과 관련이 있는 신령스러운 광신도 집단'의 일원으로 비방자들에 의해 언급된다는 것을 잘 알고 있었다.[40] 카슨의 평전을 쓴 린다 리어(L. Lear)도 이렇게 증언했다.

그들은 카슨이 비과학적인 우화에 의존해 책을 썼고, 사람들을 놀래주려고 소란을 피운다고 주장했다. 고양이를 길렀고 새를 사랑했으며 신비주의자, 낭만주의자이며 감성적인 여성이 자기 능력 밖의 책을 썼다는 것이다. 화학업체 대변인은 카슨을 비과학적인 주술사로 몰아붙여 '자연의 균형을 숭배하는 맹목적 옹호자'라고 불렀다. 전 농무부 장관은 공식적으로 '왜 아이도 없는 독신녀가 유전학에 그렇게 관심이 많은가?'하는 의문을 표현했을 정도였다.[41]

이런 편견을 유발한 원인에는 크게 두 가지가 있지 않은가 생각한다. 첫째는 카슨의 이전 작품들의 특징 때문이다. 특히 1941년 출간된 『바닷바람을 맞으며』에서 카슨은 해양 생명체들에 대한 이야기를 통해 생태계의 연결을 말하고 있다. 이 책은 바닷새, 고등어, 뱀장어라는 세 주인공이 '바닷바람'이라는 시스템 안에서 펼치는 모험에 대한 의인화된 이야기로서, 바다 생명체에 대해 중요한 사실들을 알려주려는 목적으로 쓴 하나의 자연수필로 보이기 십상이다. 여기서 카슨이 고등어 스콤버(Scomber)와 뱀장어 앤귈라(Anguilla) 같은 이름을 붙인 바다의 생명에 인간의 불안, 공포와 같은 심리 상태를 표현하는 단어들을 쓰고 있다.[42]

두번째는 『침묵의 봄』의 도입부의 우화가 불러일으킨 충격적이었던 인상 때문이다. 봄의 전령인 새의 노랫소리가 사라진 마을의 이미지는 핵겨울에 버금가는 악몽으로 대중에게 각인시키는 효과가 있었다. 그런데 이 공상적 과학소설 같은 도입부는 카슨의 책이 준 영향력의 원동력이 된 동시에, 카슨에 대한 공격 즉, '비과학적인 수사법'의 빌미가 되었다.

하지만 카슨의 『봄의 침묵』의 구조를 살펴보면 이 1장은, 다소 건조한 2장과 화학 구조식들이 나오는 3장에 앞서 문학적인 요소를 드러내고, 의도된 충격적인 효과를 내기 위한 구성적인 장치에 불과하다. 이 우화로 인해, 저서 전체가 비과학적인 글이라는 비판을 살 근거가 있는 것은 아니라는 것이 필자의 생각이다. 왜냐하면 1장에서 서정적인 문체로 그려진 암울한 상황은 허구 또는 악몽이 아니다. 정확히 7장(《불필요한 파괴》)의 비선택적인 잔인한 살충제 살포와, 그로 인한 귀결을 기술하는 8장(《새는 더 이상 노래하지 않고》)에서, 카슨은 그 상황이 정확히 현실에서, 미국의 여러 주, 여러 마을에서 이미 구현되어 가고 있는 실상임을 과학적 통계를 통해 보여주고 있기 때문이다. 50년대 말 대규모 농약 살포가 시작된 후 여러 주에서 울새, 찌르레기, 홍관조가 사라져가고, 미국의 상징인 독수리의 개체수도 감소해 가고 있다는 조류학자, 주부, 자연 애호가의 증언들이 있다. 여기에 DDT의 농도와 죽은 새와 여우의 마릿수, 장소와 시기가 아주 구체적으로 적혀있기 때문이다.[43]

『침묵의 봄』속에 농부, 시민, 자연애호가의 증언, 주부의 편지글들이 일상언어로 그대로 인용되어 있는 점도 과학자들의 눈에는 과학서의 기준에 어긋나는, 비과학적인 저술의 특징으로 보일지도 모른다.[44] 필자가 보기에 『침묵의 봄』은 1장을 제외하고는 과학적으로 단단한 책인 것 같다. 다만 문체에 있어 감정이 분출되는 부분들이 있지만[45], 과학서에 수사법이 제외되어야 할 이유는 없다는 것이 개인적 생각이다. 과학의 이론화 과정에서 일상언어의 모호함, 불완전성이 개입되고, 과학용어들은 의미변화를 겪는다. 미성숙한 과학이 아니라 잘 확립된 과학에서도 이론 구성을 할 때 수사법이 의도적으로, 숱하게 사용되며 이는 특히 생물학의 담론에서 '성의 은유'가 많이 차용되는 것을 통해서도 확인할 수 있다. 과학에서 사용되는 은유는 엄밀한 과학적 논의에서 배제되어야 할 언어의 오용 현상이 아니라, 불가피한 인지적 도구다.[46]

로티(R. Rorty)는 과학을 다른 저술형태와 같은 종류의 수사적 전략, 문학적 비유, 그리고 불안정한 의미를 포함하고 있는 하나의 담론으로 본 바 있다.[47] 이것이 과학에 대한 극단적 해석 즉 과학의 문학 장르화를 주장한다는 점에서 지나치게 보일 수도 있지만, '객관성에 대한 열망'을 '공동체와 연대하는 열망'으로 바꾸고 싶어한 실용주의자로서의 로티의 면모를 드러내는 부분으로, 과학을 진리에 대한 주장으로 특권화시키는 전통적 입장과 달라 매우 흥미롭다.

또한 과학 활동을, 동맹군을 동원하여 강력한 요새를 구축하려는 행위로 본 라투르(B. Latour)와 같은 과학기술학자도 있다.[48] 젊은 과학 즉 '생성 중인 과학(science in the making)'에서는 강력한 레토릭을 구사하고 행위자들 간의 연결망을 확장시키는 행동이 불가피하다. 이렇게 라투르식으로 본다면, 심리와 감정을 이용한 글쓰기가 과학을 위해서건, 환경 운동을 위해서건 배척되거나 금지될 이유가 없다고 필자는 생각한다. 카슨의 수사법의 활용도, 과학과 과학자의 이미지를 우리가 어떻게 생각하느냐에 따라 달리 평가될 수 있다는 의미다. 카슨 자신도 전문가(들만)의 과학에 대한 비판적 자세를 취했던 사람이기에, 수사적 장치의 사용은 의도된 것이며 충분히 그 효과를 거두었다고 본다.

최근 말라리아의 창궐로 인해 DDT의 사용금지를 둘러싼 논란이 다시 증폭되고 있다. 그래서 카슨과 그의 책이 마치 매년 100만 명 이상의 말라리아 사망자를 낳은 유책자라는 식의 비난도 있다. 화이트-스티븐스의 비판과 몬산토 사를 비롯한 업계의 비판에서도 알 수 있듯이 말라리아 피해 문제는 카슨에 대한 가장 강력한 공격 중의 하나였다. 1950년대 중반 이후 말라리아 근절은 국제적인 과제였고, 세계보건기구(WHO)도 말라리아 근절 프로젝트에 상당한 효과를 보고 있었다.[49] 하지만 말라리아를 이해하고 제어하려는 종합적인 노력보다는 DDT만 뿌려대는 일차원적인 대응으로 인해, 점차 부작용이 생겨나기 시작했다. 카슨의 책 이전에 이미 내성을 가진 말라리아모기가 발견되고 있었다. 카슨이 강조하려던 것은 더욱 실용적이고, 온건하고, 그리고 무차

별적이지 않은 '선택적' 방제였다.

> 해충이 아무런 피해를 주지 않는다거나 해충 문제를 그대로 방치해
> 야 한다는 이야기가 결코 아니다. 다만 해충 제어는 상상이 아닌 현
> 실에 기반을 두고 이루어져야 하며 화학약품이 곤충과 더불어 인간
> 을 파멸시켜서는 안된다고 말하고 싶은 것이다.[50]

제2차 세계 대전 동안 그리고 그 직후 DDT가 발진티푸스를 퇴치하
고, 말라리아 매개 모기를 없애는 데 사용된 점은 카슨도 인정한 것이
었다. 동시에 카슨은 이미 살충제에 내성을 가진 말라리아모기 문제를
인식하고 있었다.[51] 1940년대부터 해충 방제에 합성살충제가 사용되었
는데, 채 10여 년이 지나지 않아 해충들은 내성을 지니게 되었다. 더구
나 그 이전에는 해충들이 적절하게 제어될 수 있었다는 사실이 중요하
다. DDT에 내성을 보인 말라리아모기는 이미 40년대 말에 관찰되기
시작했고 50년대를 거쳐 60년대 초반에는 종의 숫자가 늘어났다. 농작
물을 해치는 곤충의 경우도 DDT를 사용한지 6년 후인 1951년에 내성
을 보이고 있었다.[52]

그래서 그 대안으로 카슨은 『침묵의 봄』 여러 곳에서 '자연 방제'를 강
조한 것이다. 그것은, 식물을 이용해 잡초를 제거한다던가 다른 곤충
을 이용해 해로운 곤충을 제거하는 방법이다.[53] 특히 마지막 17장에서
카슨은 생물학적 방제를 위한 여러 가지 방법을 제시하고 있다. 방사능
불임 처리에 의한 수컷 불임화, 화학불임제의 사용, 곤충의 유인제(유인
물질)의 활용, 초음파 활용, 박테리아와 바이러스 같은 미생물 활용, 천

적곤충 활용 등이다.

최근 유전자 편집기술을 이용한 모기퇴치 기술이 상당한 효과를 본 것으로 보도되었다. 이것은 영국의 생명공학 회사 옥시텍(Oxitec)이 유전자변형(GM) 모기를 방출해 뎅기열 모기 개체수를 95%까지 감소시켰다는 뉴스다.[54] 살충제는 벌과 나비 같은 유익한 곤충을 해치고, 해충도 살충제에 내성을 갖도록 진화하고 있기 때문에 이 유전자 조작 모기가 살충제의 대안으로 주목받고 있지만, 과연 이것이 생태계에 무해할 지는 아직 알 수 없다. 카슨은 현재까지도, 지구상에서 말라리아가 살아남게끔 만든 장본인으로 모략을 받고 있지만[55] 사실 카슨은 살충제가 공중보건을 지키는 데 필요할 수도 있다는 점을 인정한 사람이었다.

『침묵의 봄』곳곳에서 카슨은 자연환경에 대한 단기적이고 편협한 자본주의적 관점을 비판하고 있다. 식물과 곤충의 이용가치에 대한 편협한 태도를 지적하는 구절들이다.[56] 자연에 대해 경박하게 권위를 행사하는 사람들은 늘 비용을 언급하지만, "진정한 비용은 그저 돈으로만 환산하는 것이 아니라 실질적으로 고려할 가치가 있는 숨은 비용도 고려한 것이어야 한다."[57] 카슨은 농업 생산성에 대한 요구가 인간의 파멸을 자초하게 될 것임을 즉, 신맬서스주의적 대재앙의 가능성을 대중에게 보여준 것이다. 자연은 결코 인간이 만든 틀에 순응하지 않는데, 인간이 자연을 일정한 틀에 꿰맞추려고 온갖 위험을 자초하고 있고, 결국 자연이 반격을 하고 비상사태가 밀려오고 있기 때문이다.[58]

결국 카슨은 인간과 자연의 관계에 대한 인간중심주의(anthropocentricism)를 비판하고 생명중심주의(biocentrism)를 지향하고 있는 것으로 보인다. 카슨이 마지막 17장 〈가지 않은 길〉에서 새롭고 상상력 풍부하며 창의적인 접근법이라고 말한 제안의 출발점은 "이 세상이 인간만의 것이 아니라 모든 생물과 공유하는 것이라는" 사실의 인식이다. 이 생명공동체에 대한 관념, 공동체 성원에 대한 존중의 관념은 레오폴드와 이후 심층 생태학자들이 지닌 생각들이다.

카슨에 대해 수많은 과학자들이 비판을 가했던 것은 그들이 느낀 위협에 비례하지 않나 생각한다. 카슨은 주부와 농부의 증언을 경청하면서 반면, 화학자와 특히 살충업계의 연구비를 받고 자신이 생물학자임을 망각한 일부 응용곤충학자들에 대해 혹독한 비판을 하고 있기 때문이다.[59]

> 생태계는 한편으로 너무나 연약해 쉽게 파괴되고 다른 한편으로는 믿을 수 없을 정도로 튼튼하고 회복력이 강해서 예상치 못한 방식으로 역습해 온다. **아무런 고결한 목적도 없고 겸손하지도 않은 화학방제 책임자들**은 자신들이 다루고 있는 자연의 위대한 능력을 계속 무시해왔다.[60](필자 강조)
>
> 자연에 닥친 위험을 인식하는 사람은 극히 소수이다. 전문가의 시대라고 하지만 각기 자신의 분야에서만 위험을 인식할 뿐, 그 문제들이 모두 적용되는 훨씬 더 광범위한 상황은 인식하지 못하거나 무시한다.[61](필자 강조)

화학회사의 연구비를 받고 살충제연구를 하는 응용곤충학자들은 자신들이 화학자나 엔지니어가 아니라 생명체를 다루는 생물학자임을 기억해야 한다. 결국 카슨은 화학자와 생물학자를 대립시키고, "오직 생물학자만이 병충해 방제의 가장 근본적인 문제에 답할 수 있다"고 주장한다.[62] 카슨의 주장대로라면 연구윤리에 충실한 그리고 '올바른 곤충학자'라면, 곤충을 자연의 강력한 동맹군으로 인정하고 그래서 살충제 사용을 최소화하고 자연의 힘을 최대화하는 프로그램을 개발하려고 애써야한다. 화학물질 제조업자, 정부 기관의 방제 담당자, 그리고 전문과학자에 대한 카슨의 분노는 다음 구절에 잘 드러난다.

> 고요한 연못에 돌을 던지면 잔물결이 생기듯이, 유독물질의 연쇄작용을 일으켜 죽음의 물결을 퍼뜨리는 사람은 누구인가? 한쪽 접시에는 딱정벌레들이 갉아 먹는 나뭇잎을 올려놓고, 다른 쪽 접시에는 유독성 살충제가 무차별적으로 휘두르는 몽둥이에 스러져간 새들의 잔해와 다양한 빛깔의 가련한 깃털들을 올려놓은 채 저울질한 사람은 누구인가? 많은 사람들의 생각과는 달리, 하늘을 나는 새들의 부드러운 날개가 모두 사라져버린 황폐한 세상이 되더라도 벌레없는 세상을 만드는 일이 더 중요하다고 결정한 사람은 누구인가? 그런 사람이 설령 존재한다고 해도 그가 결정을 내릴 권리를 가질 수 있는가? 결정을 내리는 사람은 우리가 잠시동안 권력을 맡긴 관리들이다. 이들은 아름다움과 자연의 질서가 깊고도 엄연한 의미를 갖는다고 믿는 수많은 사람들이 잠시 소홀한 틈을 타서 위험한 결정을 내리고 말았다.[63]

전문가들은 무엇이 잘못되었는지, 어떻게 그것을 바꿀 수 있는지 생각하고 행동하는 데 주저한다. 그래서 그들은 수수방관하는 모습을 보이지만, 카슨의 입장은 이런 사태에 긍정적인 해결책, 대안을 만들어야 한다고 생각한다. 카슨은 그렇다면 인간과 자연에 대한 정책 결정에 누가 개입해야 한다고 주장하는가? 그것은 『침묵의 봄』 서문에 그리고 본문 곳곳에 암시되어 있다. 카슨은 『침묵의 봄』 출간 이후 1964년 사망할 무렵까지 더 이상 조용한 작가가 아닌 투사로 변모해 여러 활동을 한 것으로 기록되어 있다. 그러나 이 투사의 면모는 카슨이 『침묵의 봄』을 쓸 때부터 잠재해 있었다. 카슨이 "만물과 공유해야 하는 이 세상을 무모하고 무책임하게 오염시키는 인간의 행위에 대해 가장 먼저 대항을 시작하고, 우리를 둘러싼 이 세상에서 결국 이성과 상식의 승리를 위해 수천 곳에서 전투를 벌이는 사람들이 있다."[64]고 말할 때 그 사람들은 DDT 공중살포에 반대하던 시민들, 특히 농부들, 정원 일을 하던 주부들이었던 동시에, 텔레비전 뉴스 프로그램과 상원 소위원회의 증언대에 나섰던 미래의(책 출간 후의) 카슨 자신이었다. 오늘날 우리는 이들을 '시민과학자(lay expert)'로 부르고, 이들의 활동을 '과학민주화'로, 그 대중화된 과학을 '거리 과학(street science)'으로 부른다.[65]

『침묵의 봄』이 널리 인식된 것처럼, DDT를 금지할 것을 주장하는 저술이라 보는 것은 카슨에 대한 과소평가라고 필자는 생각한다. 물론 냉전 시대의 핵긴장 분위기 아래서, 방사능에 버금가는 살충제의 위험성을 지적했지만, 카슨 자신은 분명히 화학살충제의 전면적인 금지를 주장하려는 것이 아님을 말했다. 화학 살충제를 완전히 없애기 어려운 점을 이해하고 있었고, 자연과의 조화에 끼칠 부수적 피해가 무엇인지 알고, 분별력 있게 사용하자고 요청한 과학자였을 뿐이다.

물론 나는 화학살충제의 전면적인 금지를 주장하려는 것은 아니다. 내가 지적하고자 하는 것은, 독성이 있고 생물학적 문제를 일으킬 수 있는 잠재성을 가진 살충제를 그 위험을 제대로 알지 못하는 사람의 손에 쥐어주고 있다는 사실이다.[66]

그렇다면 『침묵의 봄』은 달리 해석되어야 한다. 그것은 기술 발전과 '자연 통제'에 대한 맹신과 오만을 비판한 사상서로 볼 수 있다. 그것은 현재 우리의 지식 수준에 대해 겸허하라는 경고의 메시지다. 충분한 지식을 갖추지 못한 전문가들이 자신들의 무지를 깨닫지 못하고 경박하게 힘을 휘두르는 그 오만에 대해 카슨은 경고를 하고 있는 것이다. 카슨은 우리의 지식 부족과 **무지**에 대해 수없이 경고하고 있다.[67] 화학물질의 무해성 여부에 대한 완전한 증거와 지식을 갖지 못한 과학자와 화학 산업계 그리고 정책을 시행하는 정부 기관에 대해, 그 **오만**과 경박함에 대해 경종을 올리기 위해 카슨은 『침묵의 봄』을 쓴 것으로 생각한다. 독성 화학물질과 살충제가 생물 다양성에 미친 위협에 대한 카슨의 경고의 적실성, 그리고 자연에 대한 통제와 지배 아닌 '자연과의 조화'를 말함으로써 생태사상에 끼친 카슨의 영향력은 아무리 강조해도 지나치지 않을 것이다.

위의 두 사례 제인 제이콥스와 레이첼 카슨의 사례는 전문분야에 여성적 시각과 가치를 도입한 경우들이다. 물론 이와 같이 성공적이고 기억할만한 도전이 이룬 성취나 그 여파가, 모든 과학적 지식과 기술의 영역에서 비전문가의 개입의 정당성을 보증해 주지는 않을 것이다. 좀 더 일반적인 물음 즉, **시민의 지식생산**은 어떻게 정당화될 수 있는가 하는 물음에 대해 다뤄볼 필요가 있을 것이다. 실질적인 기여가 이루어지는 절차, 그 구체적 기작에 대한 해명과 정당화가 필요할 것이며 이는 다음 6장에서 다룬다. 그에 앞서 일반 여성의 (일상적) 지식과 이에 대한 가부장적 억압에 대한 반다나 시바의 주장을 먼저 살펴 보자.

전문성에 대한 젠더정치학적 연구

'토착 지식', '지역적 지식'이 부당하게 평가 절하되어 온 배경과 다시 재조명되는 맥락에 대해서는 앞 4장에서 논의한 바 있다. 반다나 시바 (V. Shiva)는 특히 여성의 토착 지식의 약탈 과정을 생생히 증언하고 비판함으로써 과학의 젠더정치학 비판에 크게 기여했다. 시바는 근대과학의 대항범주로서 생태적이고 페미니즘적인 사고를 제시한 바 있다. 근대과학의 중립성과 보편성이라는 신화를 공격하기 위해 시바는, "자연을 종속시키고 한편으로는 **지식 담지자이자 전문가로서의 여성들을 배제해온** 과학혁명의 시초로 거슬러 올라간다."[68] 근대과학의 구조와 방법론은 환원주의적이었고, 가부장제적인 앎의 방식인 이 환원주의는 자연과 여성에게 필연적으로 폭력적이었음을 보여주기 위해 시바는, 인도의 숲이 식민화되는 과정에서 숲이 파괴되고, 임업에 대해 **여성들이 가지고 있었던 전문지식**이 파괴되기 시작한 시점을 추적해서 보여주었다.

여성의 농업 지식과 노동이 생물 다양성의 보존과 이용에 핵심적임에도 불구하고 그것들이 눈에 띄지 않는 것은 여성의 기여분에 대한 실제적 평가에 있어 작용하는 성 편견 때문이다. 또 이 편견은 개발에 대한 선형적이고 파편적이고 환원주의적 접근에 뿌리박고 있기 때문이다.[69] 여성들은 별개의 것으로 나누어진 분야들 사이에서 일하며 복합적인 작업을 수행한다. 반다나 시바에 의하면, "농업에서 여성들의 노동과 지식은 '분야들' 사이의 '중간' 영역, 분야 간의 보이지 않는 생태적 흐름에서 주로 발견되며, 바로 이런 연결고리를 통해 자원이 부족한 조건에서도 생태적 안정성, 지속가능성, 생산성이 유지된다."[70] 예를 들면, 비료를 생산하고 준비하는 과정에서, 종자를 준비하는 과정, 종자를 뿌리는 과정에서, 또 식물을 기르고 수확하는 과정에서도 토양, 날씨, 식물의 조건, 생장 등 엄청나게 다양하고 복잡한 지식이 필요하다. 여성의 노동과 지식의 원리는 다양성인데, 바로 이 다양성 때문에 여성의 노동과 지식의 가치가 떨어지는 것으로 계산되고 무시된다.

이렇게 식량 전문가이자 생산자로서 역할을 해온 여성과 여성의 지식을 배제해온 남성적 과학과 개발에 오늘날의 식량 위기의 뿌리가 있다는 것이 반다나 시바의 주장이다. 대부분의 문화에서 여성들은 생물 다양성의 관리자였다. 그들은 농사를 지으면서 생물 다양성을 생산하고, 재생산하고, 소비하며 보존해왔다. 그러나 그들의 역할은 비지식적인 것이라고 치부되어 왔다. 그들의 앎이 전문적 식견으로서 문화적이고 과학적인 관행에서 나온 것임에도 불구하고, 그저 자연적인 것의 일부로 정의되었다. 이렇게 여성이 지닌 지역적 지식의 가치를 자연적, '토착적 지식'으로 가치를 낮추고 그 지역적 권리를 박탈하는 것 중 하나가, 지적 재산권 체제로 인한 생물다양성과 **지식의 사유화**다.[71]

시바에 의하면, 지식과 생물의 사유화는 지역적 지식의 가치를 절하하고 지역적 권리를 박탈하고 그리고 발명가의 창조성만 인정하는 신규성을 주장함으로써 생물 다양성 이용에 대한 독점적 권리를 창출하는 것을 그 핵심으로 하고 있다. 그러나 씨앗에 대한 지식, 약용식물에 대한 지식은 전통공동체에서 자유롭게 무상 교환되는 공동자원이었다. 지적 재산권은 대부분 지역적인 지식과 그때까지 공유물이었던 생물 다양성에 약간의 조작을 가미했다는 데서 그 정당성을 찾고 있기 때문에, 그것은 지적 물적 엔클로저(enclosure)나 다름없다. 그 결과 민중들은 자신들의 생존과 창조성에 필수적인 지식과 자연 자원에 접근하기가 더 어려워진다. 반다나 시바는 이런 종류의 다국적 기업의 제3세계의 생물자원, 지식에 대한 수탈을 생물해적질(biopiracy)라 명명한다.[72] 가장 대표적인 예가 살충제의 특성이 있다는 사실이 널리 알려져 왔던, 인도의 님(Neem) 나무에 대해 다국적 제약업체들이 낸 특허다.

식량 전문가이며 생산자로 역할을 해온 여성과 여성의 지식을 배제해 온 남성적 과학과 개발에 오늘날의 식량 위기의 뿌리가 있다는 시바의 주장이 옳다면, 거꾸로 우리는 여성의 지역적 지식의 생태적 가치를 되살림으로써 환경위기를 멈추는 데 크게 기여할 수도 있다는 제안을 할 수 있을 것이다. 특히 지역의 자족성과 통합성을 강조하는 사회생태론의 비전을 공유한 입장으로서 시바의 주장은 생물지역주의(bio-regionalism)이라 불린다.

시바로 대표되는 에코페미니스트들은 여성과 자연이 개발의 가장 큰 희생자요, 식물의 종자와 여성의 자궁이 유전 및 생식 공학의 최신 식민지라는 사실을 간파했다. 여성은 어린아이의 임신 그리고 양육과 더

그림 22
인도의 사원에서 흔히 볼 수 있는 님(Neem) 나무
ⓒ 황희숙 2010

불어, 생태계 파괴로 인한 피해의 가공할 사례들에 대해 여성만의 지식과 경험을 갖는다. 세계 각국에서 산업폐기물 문제나 원자력 발전소의 방사선 누출사고에 여성들이 남성과 다른 반응과 투쟁방식을 보이는 것도 여성들의 '체현된 지식'의 차이에서 비롯된다고 생각한다.

여성의 일상적이면서도 전문적인 지식은 음식(먹을거리)와 요리(조리)라는 새로운 실천 무대를 갖고 있다. 다음 6장에서는 이러한 여성들의 독특한 지식들이 왜 전문지식으로 간주되지 못했는지, 이제 어떻게 정당하게 그 권리를 인정받을 수 있을지에 대해 살펴보고자 한다. 지역적 지식의 일종으로서 특별히 음식과 요리 그리고 농사와 관련된 여성들의 지식을 살펴보고 이어서 의료분야에서 비전문가들이 가진 지식의 역할을 살펴봄으로써 이제까지 간과되어온 새로운 전문성의 논의를 시작하고자 한다.

6장
음식, 농업, 의료 분야의 지식
-'기여적 전문성(contributory expertise)'

여성이 소유한 지식의 생태적 가치인정과 전문성의 복권을 주장한 것은 반다나 시바 (V. Shiva)였음을 우리는 앞에서 살펴보았다. 시바를 통해 우리는 지식 담지자이자 전문 가로서의 여성을 배제해 온 인도의 상황과 지식약탈에 대해 알게 된다. 인도의 숲이 식 민지화되는 과정에서 숲이 파괴되는 동시에, 임업에 대해 여성들이 가지고 있던 전문지 식이 파괴되기 시작했기 때문이다.

6장에서는 음식, 농업, 의료분야의 지식을 전문지식, 과학과 대조해 살펴봄으로써 새 로운 의미의 전문성 즉 '기여적 전문성(contributory expertise)'을 끌어들이려 한다. 음 식 만들기와 농사에서 두드러진 여성의 지식과 기술의 내용에 대해 해명하고 그 가치를 논한다. 음식과 조리에 대한 전통문화를 반영하는 여성의 지식이 무시되고 전문 과학적 지식인 영양학이 자리잡음에 따라 그 안의 전문가주의의 폐해가 드러남을 말한다. 영양 주의(nutritionalism)는 환원주의적 과학의 신념이며, 음식과 식사에 관련된 여성의 지식 을 배재하면서 동시에 식사와 관련된 역사 전통가치를 망각케 한다. 마찬가지로 여성농 부의 지식도 농업과학으로 수용되지 못한 연유와 현황을 논의한다. 시민의 '일반인 전 문가(lay expert)'로서의 결정적 역할은 AIDS 환자와 게이 공동체가 기여한 세부적 내용 을 중심으로 살펴본다.

음식과 요리에 대한 지식과 영양주의

식이요법(medical cookery)은 쉬빈저(L. Schiebinger)에 의하면, 여성이 상당한 공헌을 해서 개발되고 사용된 기술이다. 이것은 산파술과 더불어, 산업혁명의 소용돌이에서 살아남지 못하고 쇠락한 후, 남성만으로 이루어진 전문가 집단의 출현 이후 극적으로 몰락한 학문이다. 식이요법은 종종 '부엌의 의술'이라고도 불리고, 식물학이나 화학과 관련이 많았다. 1700년이 지나면서 식이요법은 남성의 전유분야인 영양학, 식물학, 약학으로 바뀌고 여성에게는 가족을 위해 식사를 준비하는 것과 같은 일상 활동만이 남게 되었다. 쉬빈저에 의하면, 요리 명인, 의사의 아내, 귀부인, 과학아카데미 회원 등이 식이요법서를 썼는데, 이중 여성 작가의 수가 상당했다. 18세기에 식이요법이 법적 전문분야인 약학으로 바뀌면서 여성이 점차 배척되었다. 1770년경에는 건강 관련 분야에 전문직이 나타나고 성별에 따른 분화가 나타났으며, 여성의 지식과 기

술은 의학과 영양학과의 연계가 끊어지게 된다.[1]

쉬빈저가 지적한 바와 같이 산파술, 식이요법서와 같이 의학 분야에서 종사하는 여성들이 사라지자, 과학에서 여성을 배척하는 일이 당연한 일이 되어버린 것이라면, 이에 대해 다시 심각하게 생각해 보아야 할 필요가 있다. 박탈되고 배제된 것에 대해 더 관심을 기울여야 할 것이다.

최근 음식에 대한 생태학적 관심이 늘어남에 따라 생태지역주의 운동의 일환으로서, 근거리 음식을 취하자는 로커보어(locavore) 운동이 일어나고 있다. 이것은 이산화탄소 배출량을 최소화하기 위해서 '푸드 마일리지'가 짧은 '로컬 푸드'에 대한 생산과 소비운동이다. 지역공동체의 토양과 종자보존 운동, 지역생산물의 생산과 소비를 진작하기 위한 포컬 푸드 운동과 더불어, 기업형 농업에 반대하는 방식으로 지구의 식량 시스템 전반에 대한 관심과 우려도 높아지고 있다. 이와 관련해 식량 주권 운동이 펼쳐지고 있는데, 그 대표적인 예가 '비아 캄페시나(Via Campesina)' 활동이다. 이것은 사회적 배제와 탈자연화를 강요하는 기업농업의 영향력에 대한 반대투쟁이다. 로컬 푸드 운동, 슬로우 푸드 운동, 지역 요리에 대한 지식의 보존 운동이 왕성히 일어나고 있고 이 중 '테라 마드레(Terra Madre)'라는 이름의 식량문화 개혁 운동도 주목받고 있다.

이러한 모든 식문화운동, 먹거리 운동은 에코페미니즘의 우산 아래서 펼쳐지는 운동들이다. 이 운동의 근저 그리고 활동목표에는, 음식에 대한 전통적 지식, 즉 전반적으로 여성의 것이었던 **'음식에 대한 토착 지식'**의 보존이 자리 잡고 있다. 자급자족의 경제에서 요리를 만들고 그에 대한 지식을 보존해왔던 것은 여성들이었기 때문이다. 반다나 시바가 말한 바와 같이, "여성들은 식품의 질과 처리방법에 대한 지식을 보유한 최고의 저장소이자 보급자이기도 하다."[2]

하지만 여성의 이 지식은 오늘날 전문 요리의 공간에서 제대로 인정받고 있는가? 요리 분야의 성별화된 현실을 보면 낮은 지위의 저임금 일자리는 대부분의 여성이, 헤드 셰프 같이 높은 일자리는 대부분 남성이 차지하고 있다. 요리가 여성의 몫으로 여겨졌는데, 왜 남성이 셰프의 세계를 장악하고 있는 것일까? 어떤 사람들은 레스토랑의 엄혹한 근무환경과 여성의 신체적, 감정적 연약성을 이유로 들기도 한다. 또는 페미니즘이 위세를 떨친 결과 여성이 부엌에서 벗어날 수 있었고, 오직 소수의 여성만 셰프의 직업을 선택한 결과라고 말하기도 한다.

그러나 이는 정확한 문화분석은 아니다. 여성들이 자기 가정의 노동을 위탁하고, 한편으로 요리산업에 계속 투신하고 있기 때문이다. 요리업계에 대한 여성들의 관심은 요리학교 재학생에 대한 통계자료로 반박될 수 있다. 2007년 미국 교육부 통계에 의하면, 미국 요리학교 셰프 양성과정에서 학사학위를 받은 학생의 47.2%가 여성이다. 요리학교 CIA의 2012년 졸업반의 36%가 여성이다.[3] 미국 노동통계국의 자료에 의하면 2013년 요리산업에서 셰프와 헤드 쿡 중 여성은 20%라고 한다. 고든 램지(Gordon Ramsay) 제이미 올리버(Jamie Oliver), 최현석 같은 남성 셰프들은 아이돌 스타만큼 유명하다. 반면 우리가 떠올릴만한 여성 셰프가 있는지 의문이다.

왜 여성 셰프의 모습은 찾아보기 어렵게 되었는가? 여성의 음식에 대

그림 23

2018년 5월 가정의 달을 맞아, 그랜드 인터콘티넨탈 호텔의 레스토랑에 소속된 수석 셰프들이 선
보이는 대표 메뉴를 만나는 '아이 셰프 프로모션(I−Chef Promotion)'이 진행되었다.
사진 속 10명 모두 남성들이다.
© 강남내일신문. 2018.04.27

그림 24

JTBC '냉장고를 부탁해'는 2014년에 시작된 요리방송인데, 2018년에 최초로 여성 셰프를 등장시
켰다. 20명 가까운 남성 셰프들이 출연할 때 여성은 1명에 그친 것이다.
© JTBC 홈페이지

한 지식, 조리에 대한 기술에 무슨 문제가 생긴 것인가? 전문 레스토랑의 부엌이 어떻게 남성의 영역이 되었는가? 전문 레스토랑의 부엌에 존재하는 젠더 불평등의 원인을 찾자면 첫째로 전문 셰프의 성별화된 역사를 살펴보아야 하고, 둘째로는 요리 평론가, 기자 같은 문화중개자들의 역할, 유명 신문과 음식 전문 잡지와 같은 소위 푸드미디어가 자행하는 여성 배제의 역사와 전략을 살펴봐야 한다고 해리스(D. A. Harris)와 주프리(P. Giuffre)는 주장한다.

젠더와 요리는 복잡한 관계를 맺어왔다. 여성의 조리 활동은 가족 구성원을 위해 요리를 하는 돌봄 노동의 형태였던 반면, 남성의 요리는 더 중요하고, 위상이 높은 것으로 여겨졌다. 신을 위한 성직자 계급의 요리, 왕을 위한 궁정 요리사의 요리는 특별한 지위를 갖고, 그런 요리를 하는 사람들은 힘 있는 자리도 누렸다. 18세기 말과 19세기 초 산업화가 확산되어 남성과 여성의 영역 분리가 발생하였을 때 남성은 임금 노동과 정치 등의 공적 생활을 하며 공적 영역으로 이동했고 여성은 집이라는 사적 영역에 귀속되게 된다. 이 **영역 분리 이데올로기**는 남성 권력의 제도화에 일조한다. 남성과 여성의 노동은 위계가 달라졌다. 이 젠더 분리가 요리 분야와 연관을 여전히 발휘하고 있는 것이다. 남성 셰프가 하는 **전문 요리**보다 여성이 하는 무급노동의 형태인 **가정 요리**는 덜 중요했다.

요리가 프랑스에서 오뜨 퀴진(haute cuisine 고급 요리)로 17세기에 발달했을 때 그것은 엘리트의 음식이었고, 군대 출신의 셰프들은 군사직책을 갖고 있었다. 고급요리가 귀족의 저택에서 공공 레스토랑으로 이동할 때, 남성과 여성에게 적절한 사회적 장소가 무엇인지를 결정하는 문화적 규범이 작동해서, 이 초기 레스토랑 문화에서 여성을 배제시킨다. 여성은 레스토랑 출입도, 일하는 것도, 요리학교에 입학하는 것도 배제된다. 전문 요리와 가정 요리가 구분되고, 가정 요리 아닌 전문 요리를 제공하는 레스토랑에서는 식당(the front of the house)과 부엌(the back of the house)이 분리된다.[4] 남성의 요리는 이성과 의식의 표현, 문화의 표현으로 여겨진다. 타고난 그리고 숙련된 요리사였던 여성은 단순하고 생물학적 욕구의 충족을 나타내는 요리를 할 뿐이며, 남성은 수년간의 훈련을 통해 습득한 기술을 발휘한다.

미국 요리는 이러한 프랑스의 제약과 편견에서 해방되어 평범한 음식을 접목하려는 시도를 하지만, 이러한 혁명은 전문 요리에서 성평등으로 이어지지 못한다. 요리법과 요리연출에서 지역 농산물 사용이 강조되는 캘리포니아 요리 트렌드에서도 젊고 대담한 남성 셰프들의 활약이 두드러진다. 동물의 모든 부분을 사용하는 '노즈투테일 Nose-to-tail' 요리는 내장과 척수 같은 역겨운 식재료 사용을 꺼리지 않는 남성 셰프의 마초적 행위로 여겨진다. 하지만 이는 사실 역사를 돌아보면 여성들이 늘상 해왔던 일이다. 푸드미디어는 노즈투테일 요리를 하는 남성 셰프들이 피범벅이 된채 칼을 휘둘러 동물을 도살하는 장면을 보도하고, 또 '미친 과학자' 같은 남성 셰프들의 '과학적' 요리법을 보여줌으로써 남성 노동자의 기술과 지식이 **전문성**을 가짐을 강조하려 한다. 하지만 그것도 남성만이 할 수 있는 전문적 일은 아니다.

음식의 물리적, 화학적 특징을 변형시키는 '분자 요리'[5]도 사실상 여성이 이미 오랫동안 해왔던 일이다. 재료의 형태와 질감에 대한 고정관념에서 벗어나 창조한 한식 분자 요리로 한천(우뭇가사리) 가루로 만든 묵이 좋은 예라고 생각한다. 또 요즘 불이 아닌 물을 이용해 저온으로 조리한 수비드(sous-vide, "under vacuum") 요리가 인기지만, 사실 진공팩과 저온 조리용 기계 없이도 손쉽게 할 수 있는 수란(水卵)도 같은 이치로 조리된다. 남성의 조리작업에서 양극단 즉 야성이나 과학적 전문성을 강조함으로써 전문 레스토랑의 주방에서 여성을 배제하려는 것은 거의 음모라고 말하고 싶다.

해리스와 주프리는 푸드미디어의 권력자들인 음식 전문 기자와 요리 평론가들이 레스토랑에서 일하는 남성의 전문적/이성적 요리와 집에 있는 여성의 감정적/표현적인 요리를 구분하고, 젠더 불평등을 존속시키고 문화적 위계질서를 유지하기 위해 구사하는 방책을 『여성 셰프 분투기』에서 폭로하고 있다. 그들이 미디어를 통해 남성 셰프와 여성 셰프를 다룰 때 분명한 차이가 있다는 것이다. 남성 셰프는 '지적인 태도로 요리를 한다'고 평가받고, '상상력이 풍부하고 위트가 있는 요리를 한다'고 묘사된다. 반면 여성 셰프의 요리를 다룬 기사는 만들어지는 대상, 즉 음식에 초점을 맞추며, 요리 과정이나 기술에 관심이 기울어지지 않는다. 여성 셰프의 요리는 '꼼꼼한, 단순한, 깔끔한 요리'로 묘사된다. 즉 지적 작업이 아닌, 완성된 생산물과 요리의 물리적 특성이 묘사된다. 여성의 요리는 '가벼운', '부드러운', '씹는 맛이 있는' 등의 단어가 사용된다. 즉 요리사의 기술이 아니라, 손님이 느끼는 감각이 강조되는 것이다.[6]

이렇게 해서 남성 셰프들의 왕국이 건설되었던 것이다. 훌륭한 셰프는 주로 레스토랑을 운영하고 있는 남성 셰프고, 그들은 아방가르드한 인습 타파주의자로 분자 요리 같은 새로운 트렌드를 만들어 냈다. 전반적으로 여성 셰프는 남성 셰프에 비해 미디어의 스포트라이트를 훨씬 덜 받는다. 전문 레스토랑의 부엌이라는 장소에서 여성 셰프들은 그저 '침입자'일 뿐이다. 한 레스토랑, 더 나아가 미식의 장 전체에서 여성은 "아웃사이더"며, 부엌에서 자리잡고 존중받고 더 높이 올라서기 위해서 힘과 패기를 시험하는 여러 테스트를 견뎌내야 한다.

임금에 있어서도 분명히 불평등이 있고, 여성이 육체적, 감정적으로 약하다는 고정관념이 여성 셰프의 고용과 승진을 거부하는 구실로 이용된다. 중국 주방용기인 수제 철 웍(Wok)은 크고 무겁다. 친환경 무쇠 주방용품들도 마찬가지다. 90kg 짜리 돼지고기를 나르거나 23kg 나가는 밀가루 포대를 옮기는 것은 더욱 힘든 일이다. 그러나 체구가 작은 남성에게도 그 일이 힘든 것은 마찬가지며, 여성이 몸 쓰는 일을 할 수 없다는 뜻이 되는 것은 아니다.[7] 그녀는 영역 점유자인 남성을 안심시켜야 하고 남성성이 과잉된 업무 환경을 바꾸지 않겠다는 것을 남성 동료들에게 확인시켜줌으로써 자신이 침입자나 파괴자가 아님을 확인시켜야 한다. 레스토랑의 부엌에서 여성 셰프는 성적 긴장감을 발생시키는 존재로서 집중을 방해하고 업무 환경을 산만케 하는 침입자로 여겨진다. 하지만 이것은 여성의 문제가 아니라 원인은 남성의 공간인 레스토랑의 부엌의 성비의 문제다.

여성의 음식과 조리에 대한 지식, 기술은 전문적 지식으로서 인정받지 못했고, 권위를 상실해가고 있음이 분명하다. 음식과 관련된 '과학적인 지식'은 18세기 이래 영양학, 식물학, 약학이다. 특히 영양학과 식품 산업과 저널리즘은 음식과 식사의 본질적 의미를 가리고 그들이 취하는 이득을 은폐하고 있다. 마이클 폴란(M. Pollan)은 영양 산업 복합체(Nutritional Industrial Complex)에 맞서서 음식과 식사에 대한 변호해야 한다고 주장한다.[8] 그 복합체는 영양학적 상식을 매번 바꿔버리며 이득을 취하는 식품 판매업체와 종종 오류를 낳는 과학자들로 이루어지는데, 이들이 정부의 결정적인 도움을 받아 만들어 낸 이데올로기가 **영양주의**(nutritionalism)이다.

폴란에 의하면 영양주의는 중요한 것은 음식이 아니라 '영양'이라고 보며, 영양은 과학자들 말고는 누구도 볼 수도 알 수도 없기 때문에, 무엇을 먹을지 결정하는 데 전문가의 도움이 필요하다는 신화를 믿게 만든다. 하지만 이 전문가주의의 산물인 영양주의의 신념은, 우리가 생물학적 필요성 이외 다른 이유로 식사를 해온 사실을 잊게 한다. 음식이 즐거움과 공동체와 가족에 관한 것이고 우리와 자연세계의 관계에 관한 것이고, 우리의 정체성 표현에 관한 것임을 망각하게 만들어 버린다.[9]

영양학은 음식의 맥락을 제거해 버리고 음식을 시스템이 아니라 영양소라는 부분의 합으로 보는 환원주의적인 과학이다. 과학적 영양주의 속의 전문가주의로 인해 사라진, 음식과 식사에 관한 역사, 문화, 전통 지혜가 복권되어야 한다. 그것은 여성의 음식과 조리에 관한 지식과 가치의 전달자인 어머니와 지역문화의 영향력을 되찾는 길이고, 그들의 '토착 지식', '지역적 지식'을 복위시키는 길이기도 하다.

'일반인 전문가(lay expert)'로서의 여성농부의 지식과 농업과학

이와 유사한 또 다른 극적인 예로 **여성 농부**의 지식에 대해 살펴보고자 한다. 이것은 (백인) **남성 과학자**의 지식과 첨예하게 대조되는 원주민 여성의 '지역적 지식(local knowledge)'의 사례가 된다. 이를 통해 우리는 과학적 지식이 얼마나 젠더화된 특성을 갖고 있는지 알게 될 것이다. 여성이 소유하는 지식이 얼마나 그 권리를 인정받지 못해 왔는지를 보여주고, 이에 대조적으로 전문지식과 전문성이 누려온 특권을 반성할 수 있게 해주기 때문이다.

오늘날 농업과학에서 여성 농부의 지식과 노동이 평가 절하되어 왔다는 것은 해서네인(N. Hassanein)을 비롯한 여러 젠더 전문가들이 지적하는 바이다.[10] 이것은 물론 여성 농부에 국한된 일은 아니다. 지난 한 세기 동안 식량 및 농업시스템이 점차 산업화되어 다국적 거대 농기업의 지배를 받게 됨에 따라 농부가 만들어낸 지식보다 과학지식이 더 우월하다는 주장이 더 널리 받아들여져 왔다.

그러나 수 천 년에 걸쳐 농업 실천을 형성한 지식을 만들어 낸 것은 농부와 숙련기술자들이었다. 이것이 변하게 된 것은 농업이 대학에서 가르쳐지고 과학적 훈련의 가치가 높이 평가되고, 또 과학을 통한 농업 생산 증가가 국가 경제의 산업화에 긴요하다고 주장되면서부터다. 농업 과학의 정당성을 확보하고 공공자금을 끌어들이는 과정에서 농부가 만들어낸 지식은 크게 폄하되고 서서히 소멸한다. 이제 농부들이 지식의 산출자가 아닌 단순 수혜자로 비치면서, 누구의 지식이 정당한 것으로 간주될 것인가에 대해 암묵적 합의가 있었던 것처럼 보이지만 그 비민주적 경향은 지속가능한 농업의 토대를 잠식한다. 왜냐하면 농부들 자신의 경험적 지식은 과학지식보다 더 큰 타당성과 유용성을 가진 것일 수 있기 때문이다.

이제 농부들은 오늘날 지속가능한 농업 운동을 위해 네크워크를 결성하고 있고, 그 느슨한 구조를 가진 조직 내부에서 자신들의 경험적이고 국지적 지식을 공유하고 있다. 우리나라의 경우에도 많은 농부들과 시민(주말농장 체험 시민)은 '씨앗 나눔' 동호회를 통해, 종자 문제 특히 토종 씨앗의 발아와 배급에 관심을 보이고 있다. 그들은 지배적인 농업지식 생산 및 분배 체계에서 특유한 불공평한 권력 관계에 도전한다.

이와 관련해서 해서네인(N. Hassanein)이 들고 있는 사례는 두 가지다. 첫째 순환 방목으로 알려진 기법을 채택한 낙농업자들의 사례는, 농부들이 체계적 실험이 아닌 경험과 개인적 관찰을 통해 얻어낸 지식을 공유함을 보여준다. 둘째 지속가능한 농업을 추구하는 여성들의 활약이 있다. 이것들은 **지식생산이 고립된 과학엘리트의 특권이라는 가정**을 농부들이 거부하는 사례들이다. 그들은 네크워크 속에서 지식을 생산하고 확산시킴으로써 자신들의 지식생산 역량을 발굴하고 키우고 있다. 또 자신들이 지닌 개인적, 국지적 지식의 타당성을 내세우고, 독특한 물리적, 사회적 장소에서 그런 지식의 유용성을 강조한다.[11]

특히 여성 농부의 경우, 그들의 지역적 지식이 부당하게 평가절하 되어 왔음에 우리는 주목해야 한다. 농업에서 여성의 노동과 지식이 눈에 띄지 않는 것은 여성의 기여에 대한 실제적 평가의 맹점으로 작용하는 성 편견 때문이다.

1970년대 후반에 전통지식이나 토착기술지식 (ITK: Indigenous technical knowledge)의 이슈 아래, 많은 연구자들이 농산물 생산자들에 관한 지식에 체계적인 관심을 보여왔다. 여기서 몇몇 젠더 연구자들은 여성

그림 25
"토종의 가치 여성농민이 지킨다" – 토종씨앗 수호천사 '익산시 여성농민회'의 활동을 소개한 사진
ⓒ 익산열린신문. 2019.12.12 기사 사진

들의 전문지식을 확인하고, 가시화시켰는데, 그에 의하면 여성의 지식을 제도적 과학연구에 융합하기 위한 방법들이 모색되고 있음을 알 수 있다. 약초재배 지식, 생존 기술로서 생태적, 정치적, 그리고 사회적 지식, 삼림 생태학, 민간 수의학 지식, 식량, 관목기술, 조경과 보존 분야에서의 지식, 묘목과 가축 농장 경영에 관한 여성의 지식이 그것들이다.[12]

이 지점에서, 객관성이란 모든 것을 조망하는 관점 없는 신의 지각이 아니라, 필연적으로 체현적(embodied)이며, 따라서 모든 지식이 상황적이고 부분적이라는 해러웨이의 주장을 기억해보자.[13] 우리가 여기에 동의한다면, 농부들의 참여적인(정통 과학에 기여하는) 각종 연구들은 구체적인 장소와 체현적인 지식을 통해 구성된다. 일반 시민들뿐 아니라, 정규교육을 받지 않은 주변적인 집단도 중요한 지식 생산자가 될 수 있다. 여성 농부의 전문성이 공식적으로 인지되는 방식도 점점 변화해야 할 것이다. 농업과학이라는 정규교육을 받지 않은 여성 농부도 중요한 지식생산자가 될 수 있음을 인정해야 할 것이다.

AIDS 환자와 게이 공동체의 '기여적 전문성(contributory expertise)'

의료의 문제만큼 전문성에 대한 분석의 필요성을 일깨우는 것도 없을 것이다. 의료의 문제는 다른 과학이나 기술보다 더 개인적이면서도 즉각적이고 중대한 결과를 초래하기에, 그만큼 개인의 선택과 전문가의 전문성 사이의 갈등이 깊어질 수 있기 때문이다. 전문적 훈련을 받지 않은 일반인도 필요한 경우에는, 어떤 전문분야의 기초지식이나 전문용어를 재빨리 습득해 전문가들의 말을 이해하고 그들과 소통할 수 있다. 그렇기 때문에 심각한 질환을 확인했거나 병명을 모르는 증상을 앓게 되는 경우 우리는 (정통 과학이든 민간 약학을 통해) 의료 전문가가 되기 위해 노력한다.

그런데 이때 일반인들은 어느 정도만큼 과학적 전문성을 획득할 수 있겠는가? 환자들이 새로운 질병의 실체를 확인하고, 자신들의 주장을 의료 전문직에 강요할 수 있겠는가? 자신들의 진단과 치료에 대한 새로운 과학적 지식을 공개적으로 승인해 달라고 요구할 수 있겠는가? 물론 환자들은 자신들이 특정 영역에서 겪은 각별한 경험으로 인해, 과학자나 의사들이 획득할 수 없는 그런 종류의 전문성을 지니게 되는 경우도 있을 것이다. 그런데 그런 주관적인 앎이 질병의 병인학과 역학에 대해 발언할 자격을 부여하는가? 아니면, 비록 그들의 특수한 이해 즉 지식과 전문성이 생리학, 역학, 약학 연구를 대체하지는 않겠지만, 의학에 상당한 기여를 해서 모종의 변화를 야기할 수 있다면, 이것은 또 인정되어야 할 과학적 전문성이 아니겠는가?

콜린스(H. Collins)와 핀치(T. Pinch)는 단순한 "상호작용 전문성(interactional expertise)"에서 더 나아가, 현장에서 실험과 연구를 통해 해당 분야의 지식을 확장하는 데 실질적으로 기여하는 것을 **"기여적 전문성(contributory expertise)"**이라 부른다.[14] 과연 일반 시민이 전문과학자와 동등한, 때로는 더 많은 과학적 전문성을 획득할 수 있겠는가, 그런 인정을 받기 위한 관여는 어느 정도여야 하는가의 문제에 대한 해답은, 헬스 트레이너와 에이즈 활동가들의 사례에서 찾아볼 수 있다.[15] 헬스 트레이너들은 건강 보조 약물의 효능에 관련해 전문가들을 압도했다고 알려져 있다. 또 에이즈 환자들은 1980년대에 에이즈 치료를 위한 연구, 약물 실험, 투약과 관련해 여러 가지 종류의 활동을 펼쳤다.

이들 시민 활동가의 사례는 두 단계로 진행된다. 먼저 그들이 전문성을 획득하고 다듬는 과정과, 더 나아가 에이즈 임상시험이 수행되는 방식에 대해 정치적, 과학적 비판을 가하는 과정이다. 첫 번째 단계에서 에이즈 환자들은 의사-환자 관계를 재협상해서 좀 더 동등한 파트너십으로 바꾸어 놓을 수 있었는데, 그것은 일정 부분 게이 공동체에 속한 게이 의사들 덕분이기도 했다. 높은 수준의 교육을 받은 사람이 많았던 에이즈 환자들이 생의학의 언어를 배우고, 과학자들과 의학적인 담론을 나누고, 환자와 연구피험자의 역할을 넘어서서 공동연구자의 역할을 수행해 나가기 시작했다.

HIV 양성 반응을 보인 환자들을 더 많이 실험적 약물 치료 프로그램에 참여시키려는 활동가들의 노력은 1985년경 절정을 이뤘고, 마침 암 치료제로 개발되어 있었으나 성공적이지 못했던 AZT가 항바이러스 약물로서 재조명된다. 이것은 아지도티미딘(azidothymidine)의 약자로, 물고기의 이리 속에 있는 유전 물질로 합성하여 만드는 항바이러스약이다.

그런데, 약물의 효능확인을 위해 대조군 임상시험이 시행되어야만 하는데, 이 약물이 너무나 효과적이었기에, 플라시보를 투여받는 대조군 집단에게 이것을 주지 않는 것이 비윤리적이라는 문제가 발생했다. 장기적인 시험 성공을 체크하기 위해 연구에 참여한 플라시보 집단의 사망자 수가 충분해야 했던 것도 문제가 되었다. 당시 연구 프로토콜에 따르면, 무작위 임상 대조군 실험 참여자들은 임상시험 기간중에는 다른 통상적인 의료시술을 받는 것이 금지되었었다. 이런 윤리적인 문제점 때문에, 에이즈 활동가들은 의료당국과 연구자들에게 플라시보를 이용하지 않는 다른 선택지를 사용하라는 압력을 넣었다. 절망 상태에 놓인 에이즈 환자들은 플라시보를 투여받는 위험을 줄이기 위해, 다른 피험자들과 약을 나눠 먹거나, AZT와 플라시보를 맛으로 구분하는 방법을 터득했다. 심지어 자기의 약을 다른 화학자에게 가져가 성분분석을 의뢰하기도 했다.[16]

환자집단과 게이 공동체는 이런 문제를 해결하기 위해 그들 스스로 임상시험을 설계하는 작업을 시작했고, 플라시보를 일절 쓰지 않고 자체적으로 검사를 시행해서, 펜타미딘이라는 약물을 승인하도록 FDA를 굴복시켰다. FDA가 공동체 기반 연구에서 나온 데이터에만 근거해 신약을 승인한 것은 역사상 그것이 처음이었다. 이것은 일반인들이 과학에서 충분한 전문성을 획득하고, 의사들의 도움을 얻어 실제로 연구에 개입하고, 스스로 연구를 수행한 사례다.

1980년대 중반 〈ACT UP〉이란 에이즈 활동가 단체는 과격한 시위를 벌이고 기존의 '훌륭한 과학'의 통념에 이의를 제기했다. **의료 엘리트주의**에 도전하면서 이들은 FDA 승인과정의 단계를 재구성할 것을 주장했다. 즉 높은 독성을 가진 AZT 이외의 다른 신약들을 빨리 승인하도록 FDA에 압력을 가하는 것이다. 더 나아가 이들은 임상시험 바깥에 놓인 신약에 대한 환자들의 접근 가능성을 확장하고, 임상시험을 변형시켜 좀 더 인간적인 결론을 끌어내도록 하는 일을 했는데 이것은 분명, 임상시험에 대한 표준적 사고방식에서 벗어나는 방식으로 임상시험을 운영하는 것이다.

임상시험에 참여한 환자들이 다른 치료법을 동시에 이용하고 속임수를 쓰거나, 플라시보 집단에 속하는 위험을 희석하려고 서로 약을 섞어 먹고, 뇌물을 주거나, 자신이 플라시보 집단인 것을 아는 즉시 시험에서 빠져나가거나 하는 일은, 환자들이 치료법에 접근할 수 있는 유일한 선택지가 임상시험이었기 때문이다. 따라서 에이즈 활동가들은 '평행 궤적(Parallel Track),' 개념을 도입해, 임상시험에 참여하기를 꺼리는 환자들도 약을 얻을 수 있게 해주고 동시에 임상시험도 나란히 진행되도록 항의 활동을 계속했다.[17]

에이즈 환자들이 아마도 여러 약을 섞어서 복용하고 있을 의료 현장의 상황을 볼 때, 동질적인 집단을 사용하는 기존의 엄격한 방식은 실제 적용이 곤란했다. 활동가들은 임상시험 참가 집단의 균질성 요구 조건을 기각하면서 더 유연한 등록 기준을 만들 것을 요청했다. 임상시험이 '까다로운' 것보다는 이질성을 반영하는 점에서 '실용적'이어야 한다는 데 생물통계학자들이 결국 동의함으로써, 에이즈 활동가들은 동맹군을 얻어내기에 이른다.

이 모든 것은 활동가들이 **과학 언어**를 배움으로써, 자신들의 경험을 "임상시험의 표준 방법론에 대한 강력한 비판으로 전환"시킴으로써 가능했다.[18] 이들의 전문성은, 자기들의 비판을 과학자들이 이해할 수 있는 방식으로 구조화하여 제시함으로써, **과학자들이 답변을 내놓도록 강제하는 정도의 전문성**이다. 활동가들 중 일부는 과학자들이 생각했던 것보다 더 높은 수준의 이해를 갖추었고, 이는 역설을 낳았다. 즉 '전문가 시민(expert lay)' 활동가와 '시민 시민(lay lay)' 활동가 사이에 불화와 긴

장이 나타난 것이다.[19]

에이즈 환자들과 에이즈 공동체 활동가들이 거둔 가장 큰 성공은 임상시험 영역에서의 기여이다. 물론 1990년대에도 활동가들은 다른 쟁점들에도 개입해서, 두 가지 이상의 약물을 동시에 사용하는 조합 요법(combination therapy)이나, 에이즈의 증세가 얼마나 심한지를 평가하는 대리 지표(surrogate marker) 사용을 둘러싼 논쟁에 관여했다.[20] 이들은 일반 시민집단으로서 '임상 연구의 과학적 수행의 틀'을 재편하였다. 즉 '임상연구가 구상되고 실천되는 방식'을 바꾸어 놓음으로써 시민도 일부 영역에서는 전문성을 획득할 수 있다는 사실, 즉 '**일반인 전문가**(lay expert)'가 탄생할 수 있다는 것을 보여주었다. 동시에 그것을 통해 그들은, 과학이 자격을 갖춘 과학자들만 할 수 있는 그 무엇이 아님을 보여주었던 것이다.

3부

전문성의 확장과 "공동체 지식론"

7장
'행위자 – 연결망'과 과학기술자

1부에서 전문가와 전문성에 대한 도전과 공격의 지성사적 배경, 전문성 붕괴의 직간접적 원인들을 살펴보고, 또 우리가 가진 지식의 이미지가 왜 문제이며 어떻게 달라질 수 있을지를 고찰했다. 2부에서는 "전문지식의 생태학"에 대한 논의를 전개했다. 과학적 지식의 권위와 신뢰가 어떻게 변화했는지, 과학민주화운동은 어떻게 생겨났는지를 다뤘다. 또 전문가로 제대로 인정받지 못한 여성 지식인의 사례를 들어 그들의 기여를 살펴보았다. 또 음식과 농업, 의료분야의 비전문적이고 젠더화된 지식에 대해 살펴봄으로써 전형적인 과학기술자와 다른 종류의 전문가와 전문성의 여지를 입증하려 했다.

이러한 변화와 계기들이 정당한 것으로 인정된다면, 우리가 전문지식, 지식의 생산자(전문가)와 지식의 생산 장소에 대한 다른 관념을 가질 수 있을 것이다. 그렇다면 어떤 방식의 참여와 개입을 통해 전문지식에의 실질적 기여가 가능할지에 대해서도 더 깊은 논의가 필요할 것이다. 3부에서는 이 책이 전문성 이슈에 대해 일종의 처방으로 제안하고자 하는 바, 전문성의 확장과 "공동체 지식론"을 다룬다.

7장에서 라투르(B. Latour)가 제창한 '행위자–연결망 이론(ANT)'에 의거해, 인간과 비인간과의 동맹관계에 대해 살펴본다. 여기서 특히 연결망의 중심에 있는 '계산센터'의 테크노크라트(기술관료)의 수행성을 중점적으로 살펴본다. 행위자–연결망 속에서 전문가는 독립되고 고립된 존재일 수 없다. 과학자와 기술자는, 연결망 내의 인간–사물 행위자들을 대변하고, 이해관계를 번역하여 동맹자들을 가입시킴으로써 연결망을 확대하는 역할을 한다. 라투르의 과학인류학적 연구는 과학자와 그의 실행에 대한 우리의 통념에 충격을 가함으로써, 테크노사이언스의 행위자이기도 한 시민의 기여에 대해, 전문적 네트워크의 확장에 대해 우리가 다른 관점을 취할 이론적 토대를 제공해 준다고 생각한다.

네트워크의 주도적 행위자로서의 전문가

전문성에 대한 우리의 연구는 과학과 과학자라는 닻에 매어져 있다. 그것은 과학이 가장 엄밀한 전문지식의 전형이며, 그런 연유로 과학자가 전문가를 대표해 왔기 때문이다. 하지만 이제 과학의 이념과 과학자의 행태에 대한 최근의 논의들은 우리가 아직도 가지고 있을 그런 고정관념에서 상당히 벗어나 있음을 지적해야 하겠다.

실제 과학자들의 활동을 쫓아감으로써 과학과 기술의 생성현장의 모습을 보여주려고 한 라투르(B. Latour)에 의하면, 과학적 실천에는 과학자뿐 아니라 실험실 내, 외부의 사람들, 실험실과 장치, 사물들, 그리고 정치적이고 기술적이며 방법론적인 책략들이 뒤얽혀 있다. 그런 면을 수용하기 위해 라투르는 과학과 기술을 구분하는 대신 **'테크노사이언스** (technoscience)'라는 용어를 사용했다.

'테크노사이언스' 개념은 새롭게 부상하고 있는 몇몇 특수한 과학기술 분야들 즉 나노테크놀로지(nanotechnology), 생의학(biomedicine), 인공 (합성)생물학(synthetic biology)를 가리키는 것이 아니고, 모든 과학과 기술 분야에 전반적으로 사용될 수 있다. 거기에는 과학과 정치, 지식과 사회의 구분을 거부하는 의미가 들어있다. 이 개념이 의미 있는 것은 과학과 기술의 생성 현장에 대해, 그 속의 문화에 대해 새로운 점을 조명해주기 때문이라고 본다. 특히 이 용어는 과학과 기술의 구분에 대해 중요한 점을 말해준다. 과학과 기술 사이, 재현하는 작업과 개입하고 조작하는 일 사이, 자연적인 것(사실)과 인공적인 것 사이의 차이나 관계에 대해 우리가 지닌 통념에 반하는 새로운 점을 말해주는 용어다.

라투르가 특히 1987년의 『젊은 과학의 전선 Science in Action』에서 주장하는 바에 따르면, 테크노사이언스가 만들어지는 것은, 이질적이고 혼종적인 요소들이 과학자와 기술자인 소수의 강력한 대표에 의해서 긴밀한 **연결망**(actors network)으로 서로 결합되는 과정을 통해서다. 이과정을 라투르는 그의 특별한 용어인 '번역(translation)'으로 표현한다. 번역은 연결망을 만드는 방법론에 해당된다. 이때의 번역은 정확히는 이해관계(interests)의 번역을 말한다.[1]

어떤 행동과 이해관계를 다른 형태의 것으로 변화시키는 모든 과정이 번역인데, 서로 다른 목적과 이해관계에 의해 움직이던 두 사람, 집단이 뭉칠 때는 이 번역이 성공해야만 한다. 즉 한 집단의 목적, 이해관계가 다른 집단의 목적, 이해관계와 일치하는 것처럼 또는 깊은 관련이 있는 것처럼 해석되어야 한다. 즉 다른 사람을 가입시켜서 그들을 연루시키고 그들의 행위를 통제하기 위한 목적에서 양자의 이해관계에 대해 해석을 바꾸는 과정이다. 이 번역의 구체적 방식은 여러 가지다.[2]

그림 26
브뤼노 라투르(B. Latour, 1947–2022)
© Crédit photo : Archives AFP

이 번역의 과정에는 인간만 포함하는 것이 아니다. 동물, 실험기구, 기계(장치), 세균 같은 비인간 사물들도 실험실에서 실험의 결과를 좌우할 수 있다는 의미에서 중요한 '행위자(actors)'의 역할을 한다. 모든 비인간 행위자들에게도 번역을 통해 행위자의 행위성이 부여되는 것이다.[3]

자연 자원, 과학적 장치, 기술적 요소를 모두 포함하는 '행위자'가 여러 가지 책략을 동원하여 이질적인 요소들을 동맹(ally, alliance)으로 연결시키고 이 동맹들을 결합하는 연결망이 더욱 공고하고, 더욱 길게 구축되는 과정, 그 과학기술 현장의 모습을 보여주면서, 라투르는 그 테크노사이언스의 연결망 구축이 마치 군사동맹처럼 진행됨을 주장한다. 즉 도구와 장치를 이용한 제휴, 관심 끌기(이해관계 맺기), 연구자 징병과 가입시키기, 번역 등이 총동원된다.

인간과 사물의 동맹은 레토릭을 강화하고, 요새를 공고히 하고, 연결망을 확산시키기 위해 노력한다. 그래서 과학의 참과 기술의 성공이라는 것은 인간과 비인간을 포함한 이질적, 혼종적 행위자들이 동맹을 맺어 길고 강한 네트워크를 구축할 때 이뤄진다. 예를 들어 백신은 파스퇴르(L. Pasteur)라는 개인이 아니라 '파스퇴르'라는 연결망에 의해 실현된 것이다. 이 과정에서 사회도 새롭게 구성된다. 과학기술과 사회는 연결망 구축의 결과로 공동 생산된다는 것이다.

라투르에 의하면, 실험실 공간에서 일어나는 과학적 사실(fact)의 구축과 실험 과정에서 사용되는 도구와 같은 인공물(artifact)의 안정화 과정은 동시에 일어나기 때문에, 사실과 인공물은 서로 얽히고 연결되어 있다. 기술과 같은 비인간(nonhuman)이 인간(human)에게 영향을 미쳐 그 행동을 바꾸게 한다는 점에서, 비인간은 인간과 같은 행위자로서 인간에 대칭적으로 볼 수 있다. 하지만, 비인간 행위자들은 스스로 말을 하지 않으므로, 이것들을 대변하는 것은 그들을 기입하는 행위자들인 과학자와 기술자들이다. 즉 과학자와 기술자는 인간과 사물의 동맹의 **대변자**이다.

> 과학자와 기술자는 그들이 형체를 부여했고 가입(enroll)시켰던 새로운 동맹의 이름으로 발언한다. 다른 대표자들 중에서의 대표자들인 그들이 자기들에게 유리하게, 세력의 균형을 기울게 하는 이런 예기치 못한 자원들을 덧붙인다.[4]

라투르의 '행위자-연결망 이론'에 대한 우리의 주된 관심사는 라투르가 **과학기술**과 **과학기술자**를 어떻게 규정하고 있는가이다. 라투르에 의하면 과학과 기술은 테크노사이언스의 부분집합일 뿐이다[5]. 더 정확히 말하자면, 라투르는 과학적 내용과 연결된 모든 요소를 기술하기 위해 '테크노사이언스'라는 단어를 쓴다. 그리고 '과학과 기술'이라는 표현은 책임 귀속의 시험들이 모두 처리되고 난 후, 테크노사이언스에 보존된 것을 지칭하는 데 쓴다.[6] 그것들은 서로 분리되지 않고 테크노사이언스를 이루고 있고, 우리가 대면하는 것은 과학, 기술, 사회 등이 아니라 약하거나 강한 온갖 결합(associations)들이다.[7]

그렇게 본다면 과학은 어떤 탈체현된 객관적 진리, 진리체계가 아니라 군비경쟁과 유사한 세력 확장, 증명 경쟁을 벌이는 실천 활동 또는 문화(문화적 장치)로 볼수 있다. 라투르에게 있어서 지식과 진리는 동맹, 권력, 효과 등과 혼합된다고 말할 수 있겠다. 이론을 전 세계적으로 널리 전파하는 일과 기계를 만들어 내는 일은, 동맹자를 결집하고 유지하는 것과 구분되기 어렵다. 그런 점에서 과학과 기술은 다르지 않다고 보기에, 라투르는 '테크노사이언스'라는 용어로 과학과 기술을 함께 부르는 것이다.

라투르의 연구를 높이 평가하면서 그와 마찬가지로 '테크노사이언스'라는 용어를 사용하는 해러웨이(D. Haraway)도, 과학과 기술이 다른 많은 존재론적 영역과 깊이 뒤섞여 있기 때문에, 기술과학은 '문화적 실천이며 실천적 문화(cultural practice and practical culture)'로 이해되어야 한다고 주장한다.[8] 해러웨이는 과학기술의 동맹 관계에 인간과 비인간이 포함됨을 주장하고, 인간과 비인간의 잡종이 있음을 주장하는 점에서 라투르와 같지만, 라투르가 동맹을 끌어들여 가입시키고 정렬하고 동원하는 데 편집광적으로 초점을 맞추는 점을 비판했다. 근대과학에서 여성이 행위성(agency)을 박탈당했음에 주목하기 때문이다.

연결망(network)라는 특성을 갖는 테크노사이언스는 실험실이라는 거대한 내부와, 동맹군 모집 운동을 조직적으로 획책하는 거대한 외부로 양분되어있다. 라투르가 인간 이외의 모든 것들이 인간 행위를 위한 물질이나 도구에 불과하다고 보는 인간/비인간의 이분법을 받아들이는 것은 아니다. 동맹의 구성목록에 비인간 자원(또는 행위자들)을 광범위하게 포함시킨 라투르에게 있어 행위자(행위소) 간에 어떤 존재론적 위계는 없다.

하지만, 과학자와 기술자는 테크노사이언스라는 동맹 형성과정에서 주요한 역할을 하는, 말하자면 영웅적인 행위자다. 바로 이 점에서 해러웨이가 라투르의 테크노사이언스에서 남성적인 영웅의 행동을 지나치게 강화하고 있다고 비판했던 것이다. 해러웨이는 라투르의 책이 영웅의 위업을 증가시키고 있다고 본다. '만들어지고 있는 과학' 내의 모든 행동들이 힘에 대한 시험이고, 강요된 동맹들의 힘과 숫자로 세계를 주조하는 일이기 때문이다.[9] 과학자와 기술자는 인간-사물 동맹의 '대변인'인 동시에, 상대편의 인간-비인간 동맹이 갖는 힘을 시험하고, 아군 동맹들 사이의 유대관계를 확장하는 주도적 역할을 한다.

그런데 테크노사이언스라는 연결망 속에서 '고립된 전문가'라는 말은 용어상 모순이다.[10] 어떤 분야에 과학자라는 직업이 없었던 시절 즉 특정 과학분야가 아직 형성되지 않았을 때를 제외하면 전문가들은 모든 자원을 모으고 이동시키고 사용해 반대자들과의 증명 경쟁을 밀고 나간다. 동맹자들로 구축된 강한 연결망을 더 멀리 확장시키는 능력에 따라 전문적 과학자와 기술자의 능력은 차이가 나게 될 것이다.

계산센터와 테크노사이언스의 확장

전통적으로 과학과 기술(또는 공학)은 서로 아주 다른 것으로 여겨져 왔다. 과학은 자연의 법칙을 찾으려는 작업이며 그 결과를 논문으로 발표한다. 반면 기술은 어떤 제작품을 만들려는 작업이고, 가장 표준적인 결과물은 설계도다. 훌륭한 기술적 작업은 과학이 발견한 법칙의 정교한 응용이어야 한다고 생각되어져 왔다. 그러나 라투르는 '테크노사이언스'라는 획기적인 개념을 내세워 과학과 기술이 특별히 구분될 필요가 없음을 말했다. 그것들은 모두 구성과 번역의 작업, 연결망의 구축을 통해 확립되고 전파된다는 점에서 차이가 없다고 보았기 때문이다.

여기서 흥미로운 것은, 이 테크노사이언스가 전지구 범위로 퍼져나갔다는 역사적 사실이다. 근대에 서구의 테크노사이언스가 어떻게 전 지구로 퍼져나갔을 수 있었을까? 라투르는 이 질문을 '번역'해서, 서구의 테크노사이언스가 세계적 연결망을 많이 형성해낼 수 있었던 이유가 무엇인가로 바꾸어 놓는다. 그리고 그 대답은 '**기입**(inscription)**의 흐름**'과 '**계산센터**(center of calculation)'다.

기입의 힘이란 예컨대 어떤 진술 S를 두고 갈등이 벌어져 승부를 가릴 때, 충성스러운 동맹자를 훨씬 많이 모으게 하는 것이다. 반대편을 설득하기 위해 기입을 사용하는 것이 서구 테크노사이언스의 특징이다. 수많은 논쟁들이 사진, 보고서, 도표와 숫자로 가득한 논문에 의해 종결되는 현상을 보면 그것을 알 수 있다. 이 기입의 정확성을 더 신뢰할 수 있는 것으로 만들어 주는 것이 도량형학(metrology), 즉 안정적인 측정 표준의 확립이다. 도량형학이란 도구들의 연결망 속에서 측정단위의 정의를 물질화하는 것을 의미한다. 이를 통해 측정 도구들이 일관적인 방식으로 제작, 유지될 수 있게 되고, 거기서 광범위한 신뢰성을 갖는 기입이 가능해진다.[11]

다양한 도구, 원근법, 인쇄기, 안정적인 측정 표준, 그리고 다른 많은 실천적 혁신들이 신뢰할만한 기입들을 산출하게 해주고, 그와 함께 신뢰할만한 기입들을 한데 모으는 장치도 개발된다. 산출된 기입들이 집결되는 특정한 곳, 이것을 라투르는 '계산센터'라고 부르는데, 기상관측소가 그 좋은 예다. 기상관측소는 수많은 협력기관, 위성들, 수천 개의 지상 측정 기지들로부터 매일 날씨에 관한 기입을 모은다. 기입들이 기상관측소로 흘러 들어오고, 그리하여 기상관측소는 '날씨' 자체보다는 문서 작업에 초점을 맞추어 작업하기 시작한다.

계산센터에 모인 기입들은 다양하게 결합될 수 있고, 이동가능한 모듈과 같은 것이 된다. 계산센터로 흘러들어온 기입을 라투르는 '불변적이고 조합 가능한 가동물(이동 장비)(immutable and combinable mobiles)'라고 부른다.[12] 기상관측소뿐만 아니라 천문관측소, 인구 통계소, 증권거래소 등이 모두 일종의 계산센터다. 계산센터는 기입이 결합되고 일종의 계산이 가능해지도록 만드는 현장이다. 이 센터 내부에 표본, 지도, 다이어그램, 로그, 질문지, 모든 서류 양식들이 축적되어 있어서 과학자와 기술자들은 자기들의 증명 경쟁을 위해 이 이동 가능한 모든 것들을 동원, 사용한다.

다시 라투르의 질문으로 돌아가서 답하자면, 서구 테크노사이언스의 힘은 과학의 이론이 갖는 추상적 사고력에 기인하는 것이 아니다. 그 힘의 바탕에는 동맹자들을 하나의 위치로 소환하고 결합할 수 있게 하는 실천적 혁신들이 있다. 계산센터에 대한 라투르의 분석의 요지는, 어떤 추상적인 것들도 실천적이며 구체적인 작업의 노력을 통해 얻어진다는 것이다. 서구의 과학자들과 엔지니어는 이런 기획에 기여할만한 새로운 장치들에 관심을 갖게 된다. 새로운 사진, 새로운 세포배양용 염료, 더 민감한 생체반응측정기, 새로운 도서 분류 체계 등이 모두 그 혁신의 예에 해당한다.

테크노사이언스의 연결망 속에는 특별한 종류의 행위자가 있다. 라투르는 그들을 '서류 뒤섞는 사람(paper-shufflers)'이라고 표현하는데[13] 책상물림으로서, 컴퓨터 앞에서 이런 일상적 사무를 하는 사람이 바로 **기술**

관료(technocrat)에 해당된다. 정보가 문서 위에 더욱 더 수학적 모양을 취하게 되면서 이 센터는 성장한다. 계산자가 누구이든 간에, 모든 것이 센터 내부의 중심적 위치에 있는 이 사람의 손을 통과해야 한다. 계산센터에서 '서류 뒤섞는 사람들'을 경멸해서는 안된다고 라투르는 말한다.[14] 상식보다는 n번째 서류 양식을 더 믿는 것이 천문학자, 경제학자, 은행가를 비롯해 과학기술자들의 특징이다.

과학의 결과는 이 관료제와 그들의 파일들 안에서 가장 멀리 여행할 수 있기 때문에 그들을 경멸하는 것은 실수가 된다. 만일 세균학자가 만든 미생물학적 수질 검사가 실험실 내부에만 머물러 있다면 아무 관련성을 갖지 못한다. 그것들이 예를 들어 시청의 다른 복잡한 기록에 통합되기에, 또 건축가의 도면, 도시 규제안, 여론조사 결과, 투표 기표 용지, 예산안을 병렬해 놓기 때문에, 그 수질 검사들은 이런 다른 기능과 기술들 각각으로부터 이득을 취할 수 있다. 세균학은 법적, 행정적, 재정적 작용들을 동원함으로써 그것이 사회에 갖는 관계를 우리가 이해할 수 있게 된다.[15]

라투르의 과학인류학적 작업을 통해, '만들어지고 있는(in the making)' 젊은 과학과 과학기술자에 대한 그의 설명을 통해 우리는, '과학'과 '전문가'에 도전하거나 그의 주장에 사족을 달고 수정하려고 하는 모든 시도에 대해 거부감을 느낄 필요가 없음을 알게 된다. 라투르가 보여준 과학, 기술 그리고 과학자와 기술자의 모습은, 우리가 품고 있는 과학의 신화와 과학자의 권위에 대한 틀을 깨뜨린다. 과학의 이론적 작업은 결국 실천적 작업이며 결국 동맹 동원의 문제가 되기 때문이다. 이론은 획득된 기입들을 조합, 병렬, 결집시키는 또 다른 실천적 작업일 뿐이기 때문이다. 그리고 이론의 효과나 힘에 대해 말하는 것은, 많은 동맹자를 한 곳에 결집시킬 수 있는 이론의 능력을 평가하는 것과 다르지 않기 때문이다.

행위자-연결망으로서의 테크노사이언스에 대한 라투르의 주장에 의거하면, 시민들도 비인간 사물들과 마찬가지로 네트워크의 행위자로 정당하게 인정받을 수 있다. 시민들은 다른 과학자들처럼 즉 그들과 유사한 방식으로 동맹을 규합해, 적수의 연결망에 맞서는 더 강고하고 더 긴 연결망을 확립하고, 더 강력한 대항 실험실을 구축하고, 그로써 과학적 사실을 생산하려고 시도해야 할까? 아니면 행위자 연결망 속의 강력하고 주도적인 대변인 역할을 하는 과학자의 방식과는 다른, 자기들만의 방식으로 지식생산과 실천 활동을 할 수 있을까? 이런 일이 성공적으로 진행되어 비전문가인 시민의 전문적 지식에의 기여가 인정될 수 있을까? 그리고 그 경우, 그것은 기존 네트워크의 확장이나 전문지식 생산에의 협업으로 간주될 수 있을까?

이제 라투르의 이론적 견지에 바탕을 두고, 전문성의 확장가능성과 "공동체 지식론"에 대해 논의할 차례다. 이것은 지식 공동체 안에서 형성된 지식이 다른 종류의 지식과 연결될 수 있는 가능성에 대해, **'지식의 공동생산'** 모형에 대해 논의하는 작업이다.

지식 공동체와 과학의 공동생산 모형

8장에서는 "유연한 전문화"를 제안하기 위한 토대로 지식, 공동체, 장소(도시/지역)의 상호 관련성에 대해 논의한다. 일반 시민의 '지역적 지식(local knowledge)'이 무엇이며 어떻게 생산되는지, 과학자의 '글로벌 지식(global knowledge)'과 어떻게 다른지 살펴봄으로써 전문성의 확장 가능성을 타진해보고 일종의 "공동체 지식론"이라는 논제를 구축해보려 한다.

'전문성'을 폐쇄적 프레임에서 벗어나 확대시키는 일은, 전문지식을 일반시민이 공동체에서 생산해낸 지식과 연결시키는 일이다. 이는 곧 비전문적인 것으로 간과되어 왔던 지역적 지식의 생산자인 공동체 성원들을 '과학의 공동생산자'로 인정하는 모델을 제시하는 작업이다. 시민들이 공동체의 삶에서 겪은 경험과 문화전통에 기반한, 그리고 적절한 시험을 거친 지식은 코번(J. Corburn)이 말한 '거리 과학(street science)'이라는 '다른 브랜드' 과학의 토대로, 기존의 과학과 연결되고 정책적으로 채택될 수 있다.

공동체 – 지식의 생산 장소

인간은 공동의 장소에서 무리를 지어, '의례'를 통해 함께 엮임으로써 공동체 성원으로 살아왔다. 이 공동체 개념은 장소의 개념과 얽혀있긴 하지만, 공동체와 장소 사이의 지속적 동일시는 잘못이다. 장소(지역) 공동체 외에도, 동일한 장소에 있지 않아도 존재하는 공동체가 가능하기 때문이다. 지금 우리 사회에서는 근대화가 초래한 전통공동체의 상실과 개인주의화에 대한 비판이 커지면서 다시 새로운 공동체를 모색하려는 흐름이 나타나는 추세다. 공동체에 대해 논의가 활발해지고 관심이 확산되는 것은 현대사회의 도덕적 이완현상이나 사회통합의 위기가 심각해지기 때문이다.

물론 여기서 우리의 논의가 인간의 삶의 방식과 관련된 공동체 기획에 대한 것은 아니다. 우리는 지식을 생산하고 유지, 승계시켜주는 그런 공동체에 대해 논의하려 하고 그 공동체 안에서의 지식의 양태들을 논의하려 한다. 지식과 유관한 이 공동체를 '**지식 공동체**(knowledge community)'라고 명명한다면, 그 대표적인 예로 가정(가족)과 대학으로 대표되는 교육기관 그리고 과학자 사회 등을 꼽을 수 있다. 가정은 통상 정서적 공동체로서만 생각되지만, 유아기 이래로 '나'에 대한 자기 지식(self-knowledge)의 형성에 관여하는 장소로서 지식 공동체이기도 하다. 지식생산 체제에서 대학이 차지하는 역할, 임무 그리고 대학 밖 연구기관과의 연계와 자원분배의 문제도 대단히 중요하다.

먼저, 지식 공동체 중에서 전문가들로 이루어진 과학자 사회, 과학 공동체에 초점을 맞춰보자. 지식 중에서도 합법적인 진리 주장을 할 수 있는 것은, 경험 데이터에 충실한 과학뿐이라는 생각이 우리에게 지금도 유효해 보이기도 한다. 그런데 과학에 대한 이러한 신뢰는 사실상 **과학전문가 공동체**에 대한 신뢰이기도 하다. 이 전문가들의 공동체는, 오류가 전혀 없지는 않겠지만 그들에 대한 결정적인 반박의 증거가 없다면, 옳다고 간주되어야 할 집단적 권위를 가진다고 믿어져 왔다.

과학자들은 자신들이 아닌 다른 사람들이 진리 주장을 내놓을 수 있다고 믿지 않고, 자신들처럼 전문적 훈련을 받은 사람만을 진지하게 대한다. 이들의 생각 근저에는 언젠가는 모든 것이 확실하게 알려질 날이 오리라는 주장, '결정주의적 세계상(世界像)'이 깔려 있었다.[1] 그런데 과학의 이 뉴튼적 모델은 과거 100년간 특히 지난 30년간 그 자신의 고향인 물리학과 수학에서 격렬한 도전을 받아왔다. 확실성이 아닌 확률, 결정주의가 아닌 혼돈, 정수 차원 대신 프랙털(fractals), 가역성 대신 시간의 화살이 제시되었다.

이러한 과학 모델에 대한 비판은 지금도 진행중이고 그중에서 가장 극단적인 모델이 과학지식사회학(sociology of scientific knowledge), 또 과학적 사실을 구성되는 것으로 보는 사회적 구성주의(social constructivism)다. 이것은 과학적 탐구 또는 과학적 사실이 인간의 이해관계와 (비인간) 기술이 협상과 결합을 통해 작동하는 과정에서 결과로서 나타나는 것, 즉 구성된 것이라고 보는 입장이다. 과학적 사실은 구성되는 것이며, 문화적 실천이라고 볼 수 있다. 과학적 사실이 창출되는 장소는 **실험실**이다.[2]

과학적 사실이 문헌적 기입의 공장이라고 할 수 있는 실험실에서 발견되는 것이 아니라 창출되는 것이라면, 그 과학적 사실에 대한 논박이 어려운 것은 무엇 때문인가? 그것은 그 과학적 사실이 자연의 객관적 실체이기 때문이 아니라 실험실, 과학 논문, 과학 교육, 새로운 기입 장치, 교과서 등의 연결망 구석구석에 기입되고 분포되기 때문이다. 그것을 논박하는 일은 그것과 연결된 모든 연결망을 의심하는 일이 되어버리기 때문이다. 과학 공동체에서 실험실이라는 현장은 과학의 성취를 일궈내는 장소인데, 그 작업의 정체는 기계, 텍스트, 사람, 동물, 언어적 진술과 같은 상이한 종류의 물질, 실체들을 긴밀하게 연결시키는 과학자의 창조적인 노력인 셈이다.

원래 근대적 실험실의 발명은 과학을 위한 "무장소성(placeless)"의 장소를 창출하기 위해 이루어진 노력이었다. 지역적인 과학(지식)은 보편적인 법칙과 진리에서 벗어난 것이기에 그릇된 것이라 여겨질 수 있다. 그런 점에서 "상온핵융합이 솔트레이크시티에서만 일어난다면 그것은 아무것도 아니다"는 주장은 타당해 보이기도 한다. 그러나 그런 일반적인 가정에 리빙스톤(D. N. Livingstone)은 의문을 제기하고자 한다. 리빙스톤은, 실험이 이뤄지는 현장, 지식이 발생하는 장소, 탐구가 수행되는 곳의 지역성 등이 과학에 미치는 영향에 대해 논의함으로써 일종의 '과학의 지리학'을 세우려 한다.[3] 이런 논의는 필자가 다음 절에서 '지역적 지식'과 '과학(전문) 지식'의 연합을 논의하는 것과 일맥상통한다고 보이나, 리빙스톤의 연구는 주로 역사적 사례들에 기반한다는 특징이 있다.

과학의 생산과 소비에 지역 환경이 영향을 미친다는 리빙스톤의 주장은, 과학인류학을 표방한 라투르와 결과적으로 결이 비슷하다고 할 수 있다. 근대 실험실은 지역성의 영향을 제거하여 보편적 과학현장을 만들려는 의도 하에서 등장했던 것이 사실이다. 실험실이 과학적 타당성을 보장하는 현장이었던 것이다. 그런데 라투르는 그 실험실을 과학의 신뢰성을 보증하고 객관성을 성취하는 장소가 아니라, 사실을 구축하는 공장으로 바꿔버린 것이다.

게다가 앞 7장에서 다뤘듯이, 라투르에 의하면 연결망(network)라는 특성을 갖는 '테크노사이언스'는 실험실이라는 거대한 내부와, 동맹군 모집 운동을 조직적으로 획책하는 거대한 외부 활동으로 구성되어 있다. 그래서 이제 라투르의 이론 틀을 받아들인다면, 과학지식의 보편적 특성과 무장소성을 고수하기는 어려워진다. 라투르가 말하는 '테크노사이언스'는 통상 우리가 말하는 기술과학과 다르다. 라투르에 의하면 그것이 군비경쟁처럼 세력 확장을 도모하고, 동맹을 규합해 증명 경쟁을 벌이는 그러한 실천 활동, 문화적 활동, 문화적 장치로 주장되고 있기 때문이다.

앞의 2부에서 대표적인 사례들을 통해 알아보았듯이 과학지식의 생산과 사용에 시민이 적극적인 역할을 해왔다는 것을 우리는 알 수 있다. 전문가들의 독점적 지배와 특권을 줄이기 위해 앞으로도 전문가와 시민이라는 두 집단 사이에 협업 또는 공동작업이 필요하다는 주장을 하기에 앞서 먼저 일반인의 지식이 전문가의 지식과 어떻게 다른 것으로 생각되어 왔는지 그 이분법에 대해 살펴보자.

장소기반적 지식 – '지역적 지식'

일반인의 지식은 어떤 것인가? 통념상의 '과학 지식'이 아닌 지식, 믿음은 어디에서 생성되는가? 그것은 우리의 일상생활에서 경험을 통해, 가정과 도시와 자연을 비롯한 여러 장소에서 형성된다. 이 지식들은, 통념상 과학자의 지식이 지방, 지역적 조건들에 영향을 받지 않는다는 의미에서 보편적인 글로벌 지식(global knowledge)인 데 반해, 국지적인 장소에 기반하여 생성되고 지역적 특성을 갖는다. 이 지식들은 '**지역적 지식**(local knowledge)', '전통 지식(traditional knowledge)' 등 여러 가지 이름으로 불렸고, 지역성의 흔적이 있기에 신뢰할 수 있는 지식으로 여겨지기 어려웠다.

지역적 지식은 지리적으로 위치하거나 장소에 기반한 공동체의 구성원들에 의해 주장되는 지식이다. 여기서의 '지식 공동체(knowledge community)'는 공유된 문화, 기호체계, 언어, 종교, 규범 등을 갖는 이웃들과 집단이다. 지역적 지식은 단순한 믿음(소신), 추측이 아니다. 최소한의 논리적이고 상식적인 시험을 거치고, 규모가 있는 집단의 이해와 들어맞는 정합성과 합리성성에 회부되어지는 지식을 가리킨다.[4]

지역적 지식이 전문지식과 다른 점은 지식생산 주체와 획득 과정에 있다고 말할 수 있다. 전문지식이 직업적 전문가 대학, 기업, 정부에서 활동하면서 실험이나 인식론적 규칙에 의거해 획득한 것인 반면, 지역적 지식은 지역공동체의 성원들 즉 장소 특정적이고 정체성 있는 집단에 속하는 사람들이 경험이나 문화 전통에 의거해 획득한 지식이다. '지역(적)'이라는 말에서 편협한 과거 전통, 국가주의적 함의를 떠올릴 필요는 없겠고, 다만 우리로 하여금 지식 생산에 대한 다른 접근에 주목하게 돕는 용어라고 생각할 수 있을 것이다. '토착 지식(indigenous knowledge)'는 토착민이나 특정한 지리적 지역과 연결된 기술을 연상시키는 어휘다. 누가 '토착(적)'인가를 결정하는 데 있어 정치적이고 도덕적 해석과 부담이 따르기 때문에, 이 용어는 그리 선호되지는 않는 것 같다.

지역적 지식은 일반화된, 보편적 진리가 목표인 그런 무대와 장소들 즉 실험실에서 산출된 비지역적 지식과 구분된다. 인류학자인 기어츠(C. Geertz)는 『지역적 지식』에서 다음과 같이 지역적 지식을 정의하고 있다.

> "경험의 즉각성에 기반해서, 사고의 구조를 형성하는 어떤 특정한 장소에 실천적이고 집단적이며 강하게 뿌리를 둔" 지식
> "도시를 아는 것은 거리를 아는 것(to-know-a-city-is-to-know-its-streets)"이라고 기술될 수 있는 지식[5]

그림 27
클리포드 기어츠(C. Geertz, 1926-2006)
© Wikipedia

'지역적 지식'은 기어츠가 말한 것과 같은 인류학적 함의도 갖지만, 사회학적으로는 '비공식적인 지식'이라는 의미도 갖는다. 보통 이런 유형의 지식들은 전문적이고 과학적인 지식에 속하지 않는 것으로 폄하되어 왔다. 그런데 앞 2장에서 말한 바와 같이, 1974년 노벨 경제학상을 받은 하이에크(F. A. Hayek)는 전문가 그룹 내부의 비판자로서 과학자들이 갖는 과학의 성취에 대한 기대를 부정한 적이 있다.『전문가의 독재』를 쓴 윌리엄 이스털리(W. Easterly)는 권위주의의 발전을 자유로운 발전에 대비시키며 기술전문가들의 환상을 비판하고 있는데, 그의 주장은 하이에크의 선구적 이론 위에 기반해 있다.[6] 물론 학술연구자 전체, 특히 자연과학자에 대해 적용되기 보다는 사회과학(자)나 테크노크라트가 특히 귀를 기울여 볼만한 구절이지만, 다음 인용문에는 과학과는 '다른' 지식에 대한 그들의 섬세한 관찰이 담겨져 있다.

> 그는(하이에크는) 투자, 생산, 소비를 결정하기 위한 지식은 매우 국부적이고, 맥락에 따라 달라지며 개인의 특성에 크게 의존할 때가 많다고 지적했다. 테크노크라트들이 애호하는 과학 못지않게 중요한 것은, **항상 변하는 그 밖의 기회, 장소, 사람에 대한 개인들의 세부적인 지식**이라는 것이다. 이를테면, 기계를 어떻게 만드느냐는 것보다 더 중요한 것은 기계가 언제, 어느 장소의, 어떤 사람들에게 정말로 쓸모가 있는 것인가 하는 문제다. **이 문제에서 〈옳은〉 해답은 항상 변하며, 그 현장에 있는 사람들만이 그 답을 안다...**(중략)
> 하이에크가 보기에 자유로운 개인들의 자생적 질서가 발휘하는 장점은 개인이 자신의 국부적, 묵시적 지식을 활용할 유인이 - 다른

누가 그 지식에 관여할 필요 없이 - 그러한 질서에 의해 창출된다는 점이다. 공공재가 아닌 사유재의 경우, 수많은 개인 모두가 각자의 독특한 지식을 바탕으로 의사를 결정하고, 가격과 시장은 그 과정을 조화롭게 조직한다. 상명 하달 식의 계획으로는 결코 이와 같은 일을 할 수 없다. 어떤 분야에서든 시장 경쟁을 통해 생산자로 선택되는 사람은 고객이 제일 바라는 것을 생산할 지식을 가진 개인이다.[7] (필자 강조)

이스털리의 하이에크 해석에 의하면 사회를 경영하기 위해 중앙집중적인 전문지식에 의존할 수 없다. 그 이유는, 우리가 원하는 것을 얻는 데 필요한 광대한 지식에 비해서 우리가 아는 것이 너무나 작고, 우리 중 누가 가장 잘 아는지, 누가 전문가가 되어야 하는지조차 좀처럼 알 수 없기 때문이다.

하지만 각 개인들은 서로 다른 종류의 깊이와 지식을 가지고 서로 경쟁하고 있다. 이 경쟁을 통해 이루어지는 자생적 질서가, 각각의 구체적 상황과 필요에 대해 가장 잘 아는 사람을 결정하게 된다. 하이에크의 이런 생각이야말로 전문가들이 비전문적인 일반 시민의 지식을 무시하지 말아야 할 이유에 대해 말해주고 있지 않은가. 그렇다면 시민의 '지역적 지식'은 전문지식과 다르나, 일반적 지식의 생산에 관여하고 기여할 수 있다.

모든 지식 전통은 사람과 장소와 기술을 연결한다는 점에서 '장소적(spatial)'이라고 주장한 데이비드 턴불(D. Turnbull)은, 지역지식을 '제국과학(imperial science)'의 대체물 아니, 일종의 해독제로 제시하려는 듯하다. 턴불은 서구의 지식공간의 확장이 실패한 두가지 사례를 들고 있다. 인도네시아에서 녹색혁명(green revolution) 즉, 수확량이 많은 쌀품종을 도입하는 개혁정책은 다량의 비료와 살충제를 사용한 덕분에 엄청난 쌀의 증산을 불러왔다. 하지만 이것은 토종벼를 포기한 대가였고 이 성공은 오래가지 않았다. 단일작물 경작으로 병충해가 늘어났고 이것은 살충제의 사용을 더 늘렸을 뿐이다. 결국 통합적인 해충관리에 나설 수 밖에 없었고, 여기서 그곳에 살던 토착민 농부들이 지역적 전문가가 될 수 밖에 없었다. 전통적으로 사찰로부터 관리받는 관개 시스템을 택했던 발리(Bali)도 수자원 조절 및 분배에 현대과학적 방법을 도입했지만 이것도 실패로 끝났다. 전통적인 관개 시스템이 더 효율적이었던 것이다. 이는 전문가보다 지역주민의 지식이 더 옳을 수 있음을 보여주는 사례다.[8]

'거리 과학(street science)'의 포용을 향해

그렇다면 지역적인 지식에는 어떤 미래가 있을까? 그것은 지역적 지식의 전통이 어떻게 지식공동체에서 신뢰를 받고, 재구성되거나 확산되고, 어느 정도 과학에 포섭되느냐의 여부에 달려있다고 말할 수 있을 것이다. 그런데 놀랍게도 현대의 과학비평가 중에 "과학이 '대중 지식(public knowledge)'과 동일하다"라고 말한 사람이 있다. 영국 물리학자이자 과학비평가인 존 지만(J. Ziman)이 1966년 바로 그 말을 했던 사람이다.[9] 전통적인 인문지식인의 문화지배를 내심 못마땅하게 여기고 일반

그림 28
인도네시아 발리(Bali) 섬, 우부드(Ubud) 마을에 있는 계단식 논
ⓒ 황희숙, 2022

대중의 과학문화 이해를 고양시키기 위해 과학교양 교육을 강력히 주장했던 스노우(C. P. Snow)를 비롯해 대부분의 과학자들을 놀래키기에 충분한 발언이다.

어찌된 일이든 현대의 대중은 **과학기술 문맹**이 아니다. 그들은 과학기술을 규정하고, 성찰하고, 시험하고, 다양한 삶의 형태를 만드는 데 그것을 사용하는 방식으로 과학기술 문제에 적극적으로 참여하는 역동적인 사람들로 변했다. 2부 6장에서 일반인 전문가의 예로 든, 게이 공동체의 에이즈 환자가 이에 해당한다. 그래서 일반 시민의 '지식 주장' 그리고 과학에 대한 관점과 성찰을 '시민 과학' 또는 '시민 인식론(civic epistemology)'이라고 지칭하기도 한다. '시민 인식론'이란 말은 실라 재서노프(S. Jasanoff)가 만든 개념이다.

하지만 과학기술 분야의 전문가들이 지식을 생산하는 방식과 대중이 지식을 생산하고 유통시키는 방식에는 다른 점이 있다. 시민들은 전문적 기술, 훈련과 실험에 의거하기 보다는, 이해관계에 바탕을 두고 경험과 합리적 능력(논쟁과 시연)에 의해 대안적인 지식을 생산한다.

광우병 사건과 또 그것과 관련된 유전자 변형 식품에 대해 영국을 비롯한 여러 나라에서 전문가(또는 기업과 국가)와 시민 사이에 치열한 지식 전쟁이 벌어졌다. 우리나라에서는 직강 사업과 보 설치(4대강 사업)의 효과 논쟁, 중국 발 미세먼지와 일본 발 해수 오염 또 원자력 발전과 관련된 위험성 논쟁들이 있었다. 2020년부터는 코비드 바이러스에 의해 초래된 팬데믹과 관련해 감염 예방과 후속 조치의 적절성을 둘러싼 논쟁들이 있었다. 독감백신 접종, 그린 뉴딜, 주택 수급을 억제하고 촉진하는 것과 관련된 모든 법적 규제와 정책을 둘러싸고 벌어진 논쟁들은 아직도 진행 중이다.

전문성에 대한 개념은 나라마다 다른 뉘앙스를 가질 수 있다. 전문가는 사회적 범주이기 때문에 해당 국가의 지적 풍토와 문화에 따라 전문적 기술(직업 능력), 또는 공동체주의적 경험, 기관에 기반한 훈련과 기술 어떤 것이 선호되느냐에 따라 전문가와 전문성에 대한 규정이 다르다. 전문지식과 정책에 관련해 논쟁이 벌어질 때 전문가 집단에 대한 태도도 다를 수 있다.[10]

어쨌든 전문가는 전문적인 지식을 전달하는 사람이다. 그러면 이 전문지식은 전문 과학기술자만이 만들어 낼 수 있는가? 일반인의 '지역적 지식'은 도시라는 장소에서 생겨나고, 유통된다고 표현할 수 있다. 이제 전 세계 인구의 대다수가 도시에 거주하므로 이 말이 잘못된 것은 아닐 것이다. 코번(J. Corburn)은 이 지역적 지식이 도시의 거리에서, 일상인의 삶에서 생겨나고, 어떤 과학적 탐구의 형태에 기초로 작용한다고 말한다. 그는 이 탐구형태를 '**거리 과학**(street science)'이라고 명명했다.[11] 이 거리의 과학이 만들어지는 과정은 '시민 과학', '시민 인식론'과 다르지 않다. 일상인이 점유하고 이동하는 장소, 도시의 장소를 가리키는 언어가 사용되어 더 친숙하고 생생하게 느껴질 따름이다.

전문지식의 생산자와 담지자는 과거의 과학자와 기술관료에 국한될 수는 없다. 일반 대중, 시민이 만들어 내는 지식도 또 다른 대안적 지식으로 여겨지고, 프로페셔널들의 지식과 연결될 수 있어야 한다. 이 연결, 접합 작업을 우리는 전문지식의 '**공동 생산**(co-production)'이라고 부를 수 있다.[12] 지식의 공동 생산이라는 것은 일종의 정치적 실천이고 예를 들면 국가와 대중이 생명공학과 관련해 논쟁하는 결과로 벌어지는 과정을 말한다. 이 책의 제2부 〈전문지식의 생태학〉에서 보여준 사례들과 음식(요리), 농업, 의술에서 발휘된 "기여적 전문성"은 이 공동생산을 예증하는 선도적 사례들이다. 이 공동생산 모델은 전문지식과 전문성의 기존 개념에 의문을 제기하고, 전문가와 일반인의 앎의 방식 사이에 확연한 구분과 단절이 있다는 이분법적 사고에 도전한다.

영국의 과학자 프랜시스 골턴(Francis Galton)은 시골의 가축 품평회장에 갔다가 전시장 내에서 황소 무게를 맞히는 경연을 목격하게 되었다. 수백 명의 사람들이 소가 '도살되어 손질된' 상태의 무게가 얼마나 나갈지 추측하는 게임에 참가했다. 그들의 평균 추측은 1,197파운드(약 542.9kg)이었다. 정답은 1,198파운드(약 543.4kg)이었다. 이 사례는 제임스 서로위키(James Surowiecki)의 책 『대중의 지혜』에 소개된 유명한 일화다.[13] 이것은 특정 집단의 판단을 다량으로 수집하면 거의 틀림없이 구성원 각각의 판단보다 정확해진다는 의미다. 물론 경우에 따라 집단보다 정확한 개인이 있을 수도 있겠으나, 대부분 운에 기인하는 것이고, 집단적 판단과 평균 추측을 넘어서기 어렵다.

이 현장에서 어떤 일이 벌어진 것일까? 경연에 참가한 개인들 중에는 경험 많은 푸줏간 주인도 있겠고, 그의 상점에서 고기를 자주 사는 사람들도 있겠고, 작년 경연 때의 소의 무게를 기억하는 사람도 있었을 것이며, 소에 관한 지식이 전혀 없는 사람들도 있었다. 이들이 제시하는 수치가 모여 정답에 가까운 결과를 낸 것이다. 수백 명의 사람들이 유효한 정보를 더해 개인이 갖고 있는 정보보다 훨씬 더 큰 집합적 풀을 만들어 냈던 것이다. 더 높거나 낮은 수치 즉 잘못된 정보를 제시하는 사람들도 많았겠지만 그들은 서로 상대방의 오류를 상쇄했던 셈이고, 유효 정보가 누적되면서 오류가 스스로 사라지고, 그 결과 놀랍게도 정확한 추산이 나왔던 것이다.

불완전한 대중의 판단을 적절한 방법으로 합치면, 집단의 지적 능력(collective intelligence)은 놀라운 결과를 만들어 낼 때가 많다. 집단의 지적 능력이란 이 집단을 하나의 개체로 볼 때 그 집단이 갖고 있는 지적 능력을 의미한다. 이 능력을 서로위키는 '대중의 지혜(the wisdom of crowds)'라 명명했다.[14] 이 대중의 지혜는 구글의 수십억개의 웹 페이지에서 우리가 찾는 정확한 정보가 담긴 한 페이지를 찾아낼 수 있는 이유가 되고, 전자시장에 모인 아마추어 거래자들이 갤럽보다 선거 예측을 더 잘해낸 이유가 되기도 한다. 대중의 지혜는 첨단 과학과 기술분야에서도 필수적인 것이 된다. 대중(군중 crowds)의 크기, 형태와 조직 유무 등이 더 깊은 논의가 필요하겠지만, 대중은 편향된 사고를 하기 쉬운 소집단과 다르다.

'거리 과학'이나 '시민 과학'을 제안하는 것은 과학의 가치를 폄하하는 일이 아니라, 그 전문 과학이 배제해온 다른 지식의 형태를 재평가하려는 일이며, 전문 연구작업과 결정 과정을 민주화하는 방식으로 이해할 수 있다. 그것들은 모두, 과학적 연구와 정책 결정을 개선하기 위해, 시민들이 가진 공동체 지식을 조직화하는 과정을 포함한다. 시민의 지역적 경험이 전문가들이 내린 결론과 충돌할 때 시민들의 직접 경험에 기반한 그 지역적 지식이 무시되어야 할 이유는 없다. 우리는 지역 지식과 전문지식이 융합될 수 있는 방법을, 건강과 환경문제와 관련된 과거의 여러 사례들을 참조해 더 모색해 볼 수 있지 않겠는가.

거리의 과학은 전문 과학기술자의 실험실이 아닌, 거리에서 다수 대중의 집단지성에 의해 생겨난 과학, 말하자면 브레인씽킹 프로세스에 의해 만들어진 '시제품(prototype)'이라고 필자는 생각한다. 시제품은 제품이나 서비스만이 아니라 이론적 고안, 정책적 해법일 수도 있다. 과학기술자와 시민은 협력을 통해 그 시제품의 적절성과 효과를 테스트하고 전문적 지식으로 굳혀, 과학이라는 상자에 보관할 수 있으리라고 믿는다. 라투르(B. Latour)의 용어를 차용하면, 각자의 '이해관계'를 '번역'하고 '동맹' 관계를 만들고, 더 강력하고 확장된 전문지식의 네트워크를 구축하는 문화적 실천이 불가능한 일은 아닐 것이다.

"유연한 전문화"의 길

– '참여적 지식인'과 아마추어 정신

라투르(B. Latour)는 『젊은 과학의 전선 Science in Action』에서, 잘 확립되어 블랙박스에 넣어진 성숙과학과 생성기의 '만들어지고 있는 (science in the making)' 과학을 대조시켰다.[1] 앞 7장에서 살펴보았듯이 그 젊은 과학에서 자연과 이론의 관계, 사실과 과학자의 관계, 과학기술자 상호간의 동맹구축에 의한 진지 공고화 과정이 어떻게 전개되는지에 대해 라투르는 생생한 묘사를 한 바 있다. 그의 연구는 과학자와 그의 실천에 대한 우리의 기존 이미지를 바꾸어 주며, 독립된 전문가가 아닌, 연결망 내의 '행위자(agent)'로서의 역할에 주목하게 한다.

현대의 과학기술이 제공하는 시각을 '거짓 시각'으로 맹렬하게 비판한 해러웨이(D. Haraway)는 이 속임수 기술이 근대과학의 객관성 논쟁을 변형시켰다고 주장했다. 대신 해러웨이는 오직 '부분적 시각'만이 객관적 시력을 약속한다고, 새로운 객관성 개념 즉 '체현된 객관성(embodied objectivity)' 개념을 제시했다. 이 객관성은 주체와 대상의 초월, 분열(분리)에 대한 것이 아니라, 제한된 위치에서의 '상황적 지식(situated knowledge)'에 대한 것이다. 해러웨이에 의하면 우리는 오히려 부분성을, "부분적 시력과 제한된 목소리에 의해 지배되는 지식을 추구"해야 한다.[2] 이를 수용한다면 우리는, 가장 엄밀하고 보편적이고 글로벌한 지식으로서 과학이 그동안 지녔던 위상에 큰 그늘이 드리워짐을 알 수 있다.

과학으로 대표되는 전문지식은 지식에 대한 그간의 전통적인 관념에서 벗어나 '세계의 실재를 드러내는 것'만이 아니고, 사물에 대한 식별, 정보습득, 기술의 인지라는 묻혀진 관념을 발굴해야 한다. 또한 남성적이고 이성적인 주체에 의한 '세계의 객관적 표상구축'이라는 지식론의 이상 또한 그 성적인 편견을 벗어나야 한다. 무엇보다 전문지식이 전문가들만의 독점적 작업, 전문성의 산물이라는 편견을 벗어나야 한다고 본다. 과학이 시민과 분리되어 사유화(privatization) 되어버린 것이야말로 과학의 진정한 권위 약화의 한 원인이라고 볼 수 있다. 단절된 과학과 시민의 관계를 회복하는 길은, 시민의 전문성과 과학자의 전문성이라는 두 종류의 전문성에 대한 상호인정일 것이다.

필자는, 일반 시민이 과학에 기여함으로써 전문성을 획득하고 '전문가 되기'에 어느 정도 성공할 수 있지만, 이것이 전문가들의 지식을 묵살하거나 전문성 자체를 부인하는 일이 되어서는 안 될 것이라고 본다. 정보수집이나 지식이 곧 전문성과 동일시 될 수는 없기 때문이다. 전문성의 한 요소로서 '지식'에 덧붙여, '암묵적인 기예' 또 오랜 '훈련'과 '경험'에 의거해서 전문성이 완성되는 것이다.

바야흐로 "전문지식의 죽음(death of expertise)"[3]이 운위되는 시대가 왔다. 이것은 전공과 관련 없는 다른 영역에 침범하는 전문가들 자신의 탓도 있지만, 어설픈 정보를 가지고 활동하는 가짜 전문가들의 활동 때문이다. 소금이 고혈압과 무관한 것이며 따라서, 소위 '소금 요법'으로 고혈압 환자의 다른 지병을 고칠 수 있다고 장담해 결국 그를 죽음에 이르게 한 우리나라의 사기꾼, 또 백신과 자폐증의 연관성을 밝히려던 영국 의사(앤드류 웨이크필드 A. Wakefield), 안아키 카페를 운영하던 한의사 등을 그 예로 들 수 있다. 코로나 19의 예방에 마스크는 별 관련이 없다고 믿는 유럽과 미국 시민들과 트럼프 미대통령도 전문지식을 공격하고, 전문지식의 죽음에 일조하고 있는 사람들이다.

한편 전문가들의 편에서, 시민의 참여에 대해 날선 비판을 하고 우려하는 것도 바람직하지 않다고 필자는 생각한다. 일찍이 부어스틴(D. J. Boorstin)은 '상식'을 업은 대중의 여론이 역설적인 진리인 '과학'의 진보를 막아서는 안된다고 〈위대한 분리〉라는 에세이에서 역설한 바 있다.[4] 그와 같은 주장은 앞으로도 몇 번이나 거듭 나타날지 모른다.

하지만 비전문가와 전문가의 분리가 만일 지식(과학)의 진보를 막는 분리라면 그것은 결코 '위대한' 분리로 칭송될 수는 없을 것이다. 늘 '과학적 관점'을 내세우며 과학의 이름으로 말하는 과학자들은 그들과 시민을 가르는 벽을 세우고자 하지만, 그것은 사안에 대한 과학자들의 자율성을 정당화하고 시민의 침묵을 강제했던 장애물을 계속 유지하기 위한 것이다. 경계를 강화하려는 노력이 있듯이 경계를 허물려는 노력도 부단히 경주된다. 그것을 가능케 하는 것은 파이어아벤트(P. Feyerabend)가 표현한 "인간종이 갖는 자연적 영민함의 손"[5]이 과학에도 손을 뻗기 때문이다.

결국 지식은 독점될 수 없다. 번영을 위한 지식은 많은 사람에게 분산되어 있을 수밖에 없다. 또 우리는 '전문가(expert)'의 개념을 특정 영역에만 능력이 제한되는 '스페셜리스트(specialist)'와 구분해, 유관 분야로의 전이 가능성과 확장성을 갖게 사용할 수 있다. 레이첼 카슨은 비전문가로서 무모하게 화학과 생태학의 문제에 뛰어든 정신 나간 여성이 아니었고, 앞의 5장에서 살펴보았듯이 이미 해양생물학자고 작가였다. 그럼에도 카슨은 '새 애호가', '자연을 섬기는 여제사장'으로 불리웠다. 언론은 카슨에게 "무분별한", "미지의 영역으로 모험의 발을 내디딘 작가"라는 인신공격을 계속하고, 동료 과학자는 카슨을 '자신이 논의한 그 분야에서 연구하는 과학자는 아니다'라고 비꼬며 오직 '카슨 여사'로 지칭했었다.[6]

바로 '그 분야의 전문가'라는 것은 무슨 의미인가? 전문분야는 언제나 고정된 틀로, 확정된 구획기준이 이미 있는 것일까? 찰스 다윈(Charles Darwin)이 진화론과 자연선택설을 주장해 우리는 그를 생물학자로 인식하지만, 다윈 자신은 평생 스스로를 지질학자로 칭했다고 한다. 다윈을 '전문가' 생물학자가 아니라 '비전문가' 지질학자로 생각해야 하는가? 다윈이 지질학자인 찰스 라이엘(Charles Lyell)의 『지질학 원론』과 경제학자인 토머스 맬서스(Thomas Malthus)의 『인구론』에서 큰 영감을 받은 것은 잘 알려진 사실이다. 좁은 의미의 전문영역에 매몰되지 않는 데서 더 큰 아이디어가 창출되고 더 큰 학문적 성취가 이뤄질 수 있다.

일본이 도카이도 신칸센 개발 계획을 세울 때 전문가인 철도 엔지니어들은 그 초고속열차 개발 프로젝트를 강력하게 반대했다. 그들은 당시 빈번하게 발생했던 열차 탈선 사고의 원인인 '레일의 변형' 문제를 해결하지 못하는 한 시속 200 킬로미터로 달리는 열차를 개발하는 것은 원리적으로 불가능하다고 주장했다. 결국 태평양 전쟁에서 해군 전투기 연구개발에 참여했던 기술자들이 투입되었다. 이들은 열차개발에는 문외한인 비전문가라고 할 수도 있다. 하지만 이들은 항공기의 날개가 공진을 일으켜서 파괴되는 문제를 잘 알고 있었다. 이것은 플러터(flutter)라고 하는 것인데, 고속 비행 중인 비행기의 날개나 동체에 일어나는 진동으로, 이것이 일단 일어나면 진폭이 급격히 증대하여 공중분해의 원인이 되기도 한다. 플러터를 이전에 해결한 경험을 바탕으로, 열차의 탈선도 진동 때문에 발생하며, 이 진동을 제어함으로써 탈선문제를 극복할 수 있을 것이라 주장했다. 당시의 열차개발 전문가들인 철도기술자들의 주장이 받아들여지지 않고 프로젝트가 진행되었기에, 신칸센은 세계적인 초고속철도의 시초가 될 수 있었다.[7]

'전문성'을 폐쇄적 프레임에서 벗어나게 확대시키는 일은, 전문지식을 비전문가들 즉 인접 분야의 전문가들과 일반 시민이 공동체에서 생산해낸 지식과 연결시키는 일이다. 이것은 숙련된 전문가와 그 전문성에 대한 존중을 나타내는 '전문가주의(professionalism)'가 아닌, 전문가가 생산한 지식만이 절대적으로 옳고 권위가 있다고 주장하는 독단적이고 위험한 전문가주의(elitism)를 경계하려는 목적에서다.

편협한 전문가주의에서 벗어난 과학자는, 해리 콜린스(H. Collins)와 로버트 에번스(R. Evans)가 『과학이 만드는 민주주의』에서 말한 '부엉이들(the owls)'일 것이다.[8] 이들 '부엉이들'은 과학에 대한 사회학적 분석까지도 제대로 이해하는 자연과학자들이다. 이들은 전통과학의 가치를 보존하는 데만 관심갖고 직진하는 대다수의 과학자들 즉 '독수리'와도 다르고, 과학근본주의자들인 '매'와도 다르다. 독수리와 매는 과학적 발견에 대한 다양한 해석적 유연성을 거부하고, 이견을 표하는 다른 과학자들을 배척하는 태도를 갖는다.

시민들이 공동체의 삶에서 겪은 경험과 상식에 기반한 그리고 적절한 시험을 거친 지식 주장은, 코번(J. Corburn)이 말한 '거리 과학(street science)'을 이루고, 과학자의 과학과 연합할 수 있다. 전문가와 전문지식의 생태학적 고찰은 전문성을 비하하려는 것이 아니다. 전문가가 모두 틀린 답을 내놓은 것도 아니다. 문제는 전문가들이 너무 많은 권한을 가지고 있다는 것이다. 대중들이 전문가들을 전혀 의심하지 않고 그렇기 때문에 전문가들은 거대한 권력을 갖는다.

도스토옙스키는 『지하생활자의 수기』에서 전문가들의 세계와 자신의 세계 즉 지하생활자의 세계를 극명하게 대조시켜 보여주었다. "미신가가 되지 않아도 될 만큼의 충분한 교육을 받았지만 그래도 역시 미신가"인 주인공은, "의학 따위를 존경할만큼 미신가"이기도 하다.[9] 그는 성공한 전문가로서 부와 지위를 누리는 동창생들을 만나고 그들의 자신감과 졸렬한 사고방식을 증오한다. 특권을 가진 전문가들이 누리는 세계가 도스토옙스키가 말하는 '수정궁(crystal palace)'이다.

당신들은 영원히 무너지지 않을 수정궁을 믿고 있다. 즉 남몰래 혀를 내밀거나 눈을 흘기거나 하는 따위 짓을 할 수 없는 건물을 믿고 있다. 내가 그 건물을 꺼리는 것은, 그것이 수정으로 되어 있고 영원토록 무너지지 않으며 그 속에선 남몰래 혀를 내밀 수도 없기 때문인지 모른다.[10]

도스토옙스키가 말한 '**수정궁에 혓바닥을 내미는 행위**' – 이것을 필자는 지식인들의 열정적인 '아마추어 정신(amateurism)'이라고 말하고 싶다. 아마추어(amateur)는 '사랑'을 뜻하는 고대 프랑스어(ameour, 라틴어 amare)에서 유래했다. 올바로 이해된 아마추어 정신은 배타적인 전문가주의의 태도와 대조된다고 말할 수 있다. 참여적 지식인들은 비록 전문가로 공인을 받기 이전에도 선의의 아마추어 정신을 발휘해서 세상에 기여할 수 있다.

우리나라의 예로, 2017년부터 2020년까지의 부동산 정책을 생각해 보자. 국토부의 전문관리들이 무려 24개의 부동산 정책을 내고도 무엇이 잘못된 것인지를 알지 못할 때(또는 알고 싶어하지 않거나, 알면서도 알지 못하는 체할 때) 일반 시민들이 그 정책들의 부작용을 지적하는 일을 시도할 수 있다. 당시 화제가 된 부동산 카페 논객 '삼호어묵'의 경우를 살펴보자. '삼호어묵'은 평범한 주부로서 밥 짓다 눈에 띈 어묵으로 필명을 삼아 인터넷에 정부의 부동산 정책에 대한 비판글을 올리기 시작한다. 20편의 글이 조회수 230만 회를 넘기자 그는 자기 글을 묶어 『정부가 집값을 안 잡는 이유』라는 책을 내서 베스트셀러 작가가 되었다. '삼호어묵'의 중앙일보의 인터뷰 기사를 보면 다음과 같은 구절들이 눈에 띈다.

> "'임대차 3법'은 시작부터 결과가 정해져 있었어요. 이 법 때문에 굳이 안 들어가도 되는 집에 집주인들이 들어가 사는 바람에 전세 시장이 박살 났어요. … (중략).. 이러면 전세가 귀해지지요. 이런 거 예상 못 했다는 변명도 안 통합니다. **한참 전부터 전문가는 물론**

저 같은 동네 아줌마도 다 예상했던 일인데요."

"부동산에 글 써서 유명해져 놓고 이렇게 말하면 좀 웃기는데, 사실 투자는 물론이고 부동산 자체에 큰 관심은 없어요. 그런 관점으로 부동산 글을 쓴 적도 없고요. **그런 건 전문가들의 영역입니다. 제가 쓴 건 부동산 정책에 관한 이야기입니다.** 나라에서 왜 이런 정책을 펴고, 그 결과는 어땠냐를 보는 겁니다."[11](강조표시 필자)

이런 사례들은 〈서문〉에서 말한 〈안아키 카페〉 사건 같은 현상과는 구별해야 한다. 안아키 운영자와 회원들은 기존의 의학지식 체계를 완전히 무시한다. 그러나 우리가 6장에서 살펴보았듯이, 게이 공동체의 에이즈 환자들은 의학과 생리학을 무시하지 않았고 과학의 언어를 배워 또 다른 '(기여적)전문성'을 가질 수 있었고 결국 '일반인 전문가(lay expert)'가 되었다. 우리 사회의 시민논객들도 경제학과 사회복지 그리고 부동산 정책학, 세법 그리고 핵물리학에 대한 공부에서 출발해 논쟁에 뛰어들고 있을 것이다. 그들은 경험이 알려주는 바와, 논리와 합리성을 거부하지 않으며 그것에 충실하다.

'삼호어묵'도 자신이 전문 기고가, 논객이 아닌 평범한 생활인 입장에서 정부정책을 비판하는 작업에 대해, 악플 테러를 염려하긴 하지만, 대체로 즐기는 모습을 보여준다. 이것이 바로 생동하는 아마추어 정신이 아닐까? 이들은 편협한 의미의 전문가주의와 전문가들로 이루어지는 수정궁을 거부하면서, 필요하면 혀를 내밀고 조롱함으로써 전문가를 견제하는 시민이자 지식인들이다. 이 아마추어들의 지적 놀이 또는 참여는, 전문지식이 경화되지 않게 하는 바, "유연한 전문화(flexible specilaization)"의 방도라 생각한다.

　전문가들이 여전히 우리의 삶을 지배하지만 한편으로 우리는 여전히 제인 제이콥스나 레이첼 카슨이 필요하고 일반 시민들의 기여가 필요하다. 제인 제이콥스는 도시개발 전문가인 로버트 모시스(R. Moses)와의 논쟁에서 승리해서 뉴욕시의 그린 스트리트 지역과 소호지역을 구하고, 그곳이 예술가와 미술갤러리의 중심지가 되는 데 기여했다. 단순히 특정 지역의 재개발과 고층빌딩 건립에 반대한 것이 아니라, 단일 용도로 쓰이는 지역을 선호하는 당대의 도시계획을 거부함으로써 도시 내 구성원들의 **유기적 삶**과 **다양성**의 가치에 대해 알려준 사람이다. 레이첼 카슨의 『침묵의 봄』은 단순히 DDT가 야생생물과 사람에게 야기하는 영향을 다룬 생태학 책이 아니라, 기술 발전과 '자연의 통제'에 대한 맹신을 비판하는 과학기술 사상서로 확고하게 자리잡았다. 카슨이 제안한 것은 새로운 인간−자연 관계의 설정이었다.

　지식공동체 내에서 '일반인 전문가(lay expert)'로 활동하는 그들은, 전문가와 더불어 지식생산에 협업하는 사람으로 인정되어야 한다. 지식공동체를 이루는 시민들이 **지역적 지식**에 기반해 다른 과학 브랜드 즉 **'거리 과학**(street science)'을 만들고, 그것이 과학 전문가들의 과학과 연합하고 정책적으로 채택되는 사례들이 증가한다면, 그것은 곧 전문성이 확장되는 징표가 될 것이다. 앞으로 건강 문제와 환경 정책 등에 이해관계가 있는 일반 시민, 비전문가의 지적인 기여는 점점 늘어나리라 본다. 시간이 흐르면 지식의 공동생산 프레임은 더 확고하게 자리잡고, 비전문가의 지역적 지식도 또한 과학자의 지식과는 다른 유형의 전문지식으로, '시민 과학'으로 지식의 실천 현장에서 수용되게 될 것이다.

이 책은 우리 시대의 중요한 화두로 등장하고 있는 전문성 개념을 다뤘다. 가장 전문적인 지식인 과학은 오랜 세월을 거쳐 쌓여가는 것이다. 과학은 오랜 시행착오를 거쳐 발전해 왔고 그 과학지식을 이해하는 방식도 시간이 흐르면서 점점 변화해 갈 수 있다. 어떤 좁은 분야의 과학자와 전문가가 진리를 모두 알고 있을 수는 없다. 과학지식의 불확실성을 극복하고, 세계를 더 잘 이해하고, 미래를 예측하고 인류에게 닥칠 위험을 방지하기 위해 오직 과학자만 수고해야 할 이유는 없다고 생각한다.

필자가 보기에 전문성의 개념은 협곡에서 길을 잃고 있다. 왜곡되고 경직된 전문가주의인 '엘리트주의'와 '지적 평등주의'라는 두 개의 벽으로 이루어진 좁고 깊은 골짜기가 그것이다. 여기서 빠져나갈 수 있는 방법으로 '유연한 전문화'와 '참여적 지식인'의 개념을 제안하고자 했다. 과학자와 일반 시민, 전문가와 아마추어들이 그리스의 아고라와 같은 공공 공간에서 서로 목소리를 내고 경청하며, 서로의 선의를 의심하며 비방하거나 배척하지 않고, 미래를 위한 도전을 계속하게 되는 날을 기대한다.

주석

미주

1장

1 K. A. Ericsson, R. Th. Krampe, C. Tesch-Romer(1993), "The Role of Deliberate Practice in the Acquisition of Expert Performance", Psychological Review, 100, no.3, 363-406.

2 T. H. Davenport, J. Kirby(2016), 『AI 시대 인간과 일』, 253-254.

3 V. Woolf(1938), 『3기니』, (태혜숙 옮김, 중명출판사, 2004), 75.

4 V. Woolf(1929), 『자기만의 방』, (이미애 옮김, 도서출판 예문, 1990).

5 C. Korsmeyer(2004), 『페미니즘 미학입문 Gender and Aesthetics』, (신혜경 옮김, 경성대학교출판부, 2009), 3장 아마추어와 전문가, 115-155.

6 C. Merchant, (1980), 『자연의 죽음』.

7 B. Ehrenreich, D. English(1978), 『200년 동안의 거짓말』.

8 D. Miller(ed.)(1985), 『포퍼 선집 Popper Selections』, (이한구, 정연교, 이창환 옮김, 철학과 현실사, 2018), "권위 없는 지식"(1960), "진화론적 인식론"(1973), "과학적 지식의 성장"(1960).

9 G. B. Kerferd(1981), 『소피스트 운동 The Sophistic Movement』, (김남두 옮김, 아카넷, 2003). 46-48.

10 위 책, 13-15.

11 I. Wallerstein(2004), 『지식의 불확실성』, 제 3장, 4장.

12 W. James(1907), "프래그머티즘의 의미", L. Menand(1997), 『프래그머티즘의 길잡이 Pragmatism: A Reader』, (김동식 외 옮김, 철학과 현실사, 1997), 158.

13 L. Menand(1997), 『프래그머티즘의 길잡이 Pragmatism: A Reader』, (김동식 외 옮김, 철학과 현실사, 1997), 30, 36-37.

14 R. Rorty, (1976b), (1981).

15 cf. R. Rorty(1980), 350- 360.

16 R. Rorty, (1980), 352.

17 H. Reichenbach(1951), 『새로운 철학이 열리다 The Rise of Scientific Philosophy』, 순서대로 6, 142, 147.

18 cf. S. Toulmin(1990), 『코스모폴리스 Cosmopolis -the Hidden Agenda of Modernity』, 특히 제1장. 철학적 물음으로서 '지식에 대한 일반적 설명'을 요구하는 회의론에 대한 근대 이후 현대철학의 여러 해석과 대응들에 대해 졸고, 황희숙(2010), "회의론과 인간조건"에서 다룬 바 있다.

19 C. P. Snow(1964), 14-25, 34.

20 cf. J. Brockman, 『제3의 문화』, 김태규 역, 대영사, 1996. 1-18.

21 H. Putnam(1981), 『이성, 진리, 역사』, 1987, 218.

22 L. Wittgenstein(1921), 『논리-철학 논고』, 이영철 옮김, 번역 개정

판, 2020, 책세상.

23 cf. 황희숙, 「인식론적 자연주의와 규범의 문제」, 서울대 박사학위 논문, 1993.

24 H. Putnam(1992), 51−52.

25 C. P. Snow(1964), 『두 문화』, 64−65.

26 cf. V. Postrel(1998), 『미래와 그 적들』, 이희재 역, 도서출판 모색, 2000.

27 cf. J. Bronowski(1965), "주판과 장미: 두 세계 체계에 대한 새로운 대화" [과학과 인간가치] Revised Ed. 1994, 이화여대 출판문화원, 99−147.

28 T, Kuhn(1970), 『과학혁명의 구조』, 증보판, 특히 XII 장, '혁명의 해결' 부분에서 패러다임의 이행을 개종경험에 비유한다. 216.

29 참조, 황희숙(2003), "과학과 성의 은유".

30 참조, 황희숙(1999), "은유와 인식", 황희숙(2004), "과학이론에서 은유의 역할"

31 R. Rorty(1987), 「연대로서의 과학」, 1987, 63.

32 R. Rorty(1987), 위의 글, 63−64.

33 R. Rorty(1987), 위의 글, 71.

2장

1   E. Praiser(2011), 『생각 조종자들 The Filter Bubble』, 117.

2   cf. A. O'Hear, 『현대의 과학철학 입문』, 1989, (신중섭 옮김, 서광사, 1995), 16.

3   F. A. Hayek(1945), "The Use of Knowledge in Society".

4   F. A. Hayek(1974), "The Pretence of Knowledge".

5   A. Gawande(2009), 『체크! 체크리스트 The Checklist Manifesto』, (박산호 옮김, 21세기북스, 2010).

6   N. Postman(1992), 『테크노폴리』, 94.

7   N. Postman(1992), 『테크노폴리』, 특히 3장.

8   N. Postman(1992), 『테크노폴리』, 240.

9   cf. S. Toulmin(1990), 『코스모폴리스 Cosmopolis』.

10 C. Shirky(2010), 『많아지면 달라진다 Cognitive Surplus』, 66.

11 C. Shirky(2010) 『많아지면 달라진다』.

12 E. Praiser(2011), 『생각 조종자들』.

13 R. Susskind, D. Susskind(2015), 『4차 산업혁명 시대, 전문직의 미래 』, 241.

1   A. Abbott(1988), 『The System of Professions』, Univ. of Chicago Press. 3.

2   R. Susskind, D. Susskind((2015), 『4차 산업혁명 시대, 전문직의 미래』, 39-42.

3   P. Feyerabend(1978), 98.

4   P. Feyerabend(1978), 102.

5   P. Feyerabend(1978), 88-105.

6   G. B. Shaw(1954), 『The Doctor's Dilemma』, Penguin Books, 16.

7   R. Susskind, D. Susskind((2015), 『4차 산업혁명 시대, 전문직의 미래』, 50-52.

8   I. Illich. et. al.(1977), 『전문가들의 사회』, 13.

9   I. Illich. et. al.(1977), 『전문가들의 사회』, 24-25.

10 P. Burke(2015), 『지식은 어떻게 탄생하고 진화하는가』, 19.

11 P. Burke(2015), 『지식은 어떻게 탄생하고 진화하는가 』, 23.

12 S. Arbesman(2013), 『지식의 반감기』.

13 P. E. Tetlock, Dan Gardner(2015), 19-20.

14 T. H. Davenport, J. Kirby(2016), 『AI시대 인간과 일』, 12-13.

15 조선일보 2018. 2. 24.

16 챗GPT가 쓴 짧은 소설들에 대한 뉴스. 경향신문 2022.12.31.

https://n.news.naver.com/article/032/0003196314

17 도산아카데미 스마트포럼, 2023. 3. 3. 저녁 7시. Zoom과 You-Tube링크로 강연이 진행되었다.

https://www.youtube.com/live/b91qblKQw1c?feature=share

18 T. H. Davenport, J. Kirby(2016), 『AI시대 인간과 일』, 54.

19 D. Engelbart(1962), "인간지능의 증강 Augmenting Human Intellect: A Conceptual Framework", SRI Summary Report AFOSR-3223, SRI Project No. 3578.

20 T. H. Davenport, J. Kirby(2016), 『AI시대 인간과 일』, 121-123, 제4장 ~ 8장.

4장

---

1 1장에서 두 문화를 대조한 스노우의 발언에 대한 인용 참조. C. P. Snow(1964), 『두 문화』, 14-25.

2 T. Kuhn(1970), Ⅴ 장, "후기" 249-251.

3 위 책, 256-263.

4 T. Kuhn(1970), Ⅵ 장, 101. 패러다임의 옹호자들이 하는 행동에 대해서는 Ⅶ 장에서도 설명된다. 121-122.

5 P. Feyerabend(1970), 175-176.

6   D. Pink(2005),『새로운 미래가 온다 *A Whole New Mind*』, (김명철 옮김, 한국경제신문, 2006).

7   C. Shirky(2010),『많아지면 달라진다』.

8   D. L. Kleinman(2000), 서론.

9   D. L. Kleinman(2000), 24.

10 P. Feyerabend(1978), 98.

11 세 가지 논쟁에 대한 설명은, 홍성욱(2004), 198-208.

12 해수부, "윤진숙 해수부 장관, 수산물 방사능 대책에서 '과학적 관점'이라는 용어 사용" 보도 관련 : http://www.mof.go.kr/cop/bbs/selectBoardArticle.do?bbsId=BBSMSTR_000000000081&nttId=1222130911(참고) 수산물 방사능 대책에서 '과학적 관점' 용어 사용 관련(어촌양식정책과).hwp

    http://www.mof.go.kr/article/view.do?articleKey=2589&boardKey=11

13 참조. 7월 31일 조선일보, 〈황당한 日 방사능 怪談(괴담) 나돌아… 정부는 "대부분 거짓"〉 기사.

14 홍성욱(2004), 214.

15 D. J. Boorstin(1994), 〈위대한 분리〉,『부정적 발견의 시대』, 226-235.

16 J. C. Scott(1998), 469.

17 LG 생활건강의 호랑이풀 치약.

18 동국제약의 '마데카솔'과 '마데카 크림'은 병풀의 유효성분 이름인 마데카식산(madecassic acid)을 딴 것이다.

19 하푸에 대한 정보는 아래 사이트를 참조했다.

https://www.lovebigisland.com/quick-and-remarkable-facts-about-hawaii/hapuu/

20 바부에 대한 정보는 아래를 참조했다.

https://www.madavoyages.com/en/mikea-peuple-en-disparition

https://blogderasamy.com/2021/01/29/a-la-rencontre-des-mikea/

21 EBS 다큐, 세계테마기행 – 행복한 열대, 마다가스카르 1~4부. 사진작가 강재현의 내러티브 참조.

https://www.youtube.com/watch?v=eZJmATYspWk

22 N. Postman(1992), 『테크노폴리』.

23 참조, 황희숙(2004), "과학주의와 인문학의 재정위".

5장

1 홍성욱(2008), 154-156.

2 cf. 황희숙(2003).

3 S. Harding(1991), 94. 105.

4 S. Harding(1991), 191.

5 cf. 황희숙(2012).

6 S. Harding(1991), 33−34.

7 S. Harding(1991), 440.

8 S. Harding(1991), 228.

9 S. Harding(1991), 440.

10 D. Haraway(1988), 253.

11 S. Harding(1991), 129−130.

12 S. Harding(1991), 128.

13 J. D. Watson(1968), 24.

14 J. D. Watson(1968), 24.

15 J. D. Watson(1968), 66.

16 J. D. Watson(1968), 145−146.

17 J. D. Watson(1968), 196−197.

18 J. D. Watson(1968), 127.

19 산과 들에 있어야 할 것들이 보도블록이나 경작지에 자리해서 자랄
    때, 그리고 대개는 먼저 있었던 것들보다 훨씬 더 맹렬히 번식해 위
    협적일 때 그것은 '잡초'라고 이름 불린다. 하지만 이제 쇠비름, 질경
    이, 명아주와 같이 잡초로 불리던 것들이 '산야초'로 불리고 있고 '약
    초'로 인정받아 사용되기도 한다. 이전의 잡초들이 이제는 밭과 논
    에서 경제적 수익을 낳는 어엿한 작물로, 원래의 농작물 대신 경작

되고 있는 것이다.

20 J. C. Scott(1998), 24.

21 J. Jacobs(1961), 81. '허드슨 스트리트의 발레'는 81-87, 213.

22 모시스와 제이콥스의 대결은 A. Flint(2009), 『*Wrestling with Moses*』, Random House에 자세히 묘사되고 있다.

23 J. Jacobs(1961) 2부 〈도시 다양성의 조건들〉 중, 7장 혼합적인 주요 용도의 필요성 부분. 212-245.

24 A. Merrifield(2017), 『아마추어- 영혼없는 전문가에 맞서는 사람들』, 29.

25 A. Merrifield(2017), 『아마추어- 영혼없는 전문가에 맞서는 사람들』, 29-30 재인용.

26 A. Merrifield(2017), 『아마추어- 영혼없는 전문가에 맞서는 사람들』, 31 재인용.

27 J. C. Scott(1998), 217-219.

28 J. Jacobs(1961), 2부 〈도시 다양성의 조건들〉 6, 11장.

29 J. Jacobs(1961), 125.

30 E. Glaeser(2011), 『도시의 승리』, 265.

31 A. MacGillivray(2004), 49-50.

32 R. Carson(1962), 333-334.

33 황희숙(2003), "과학과 성의 은유", 36-40. 과학의 목표가 자연의 통제와 지배라고 말함으로써 과학적 지식과 권력 사이의 동등성을

최초로 말한 베이컨에 있어서, 자연, 실험적 방법, 과학자와 이론 사이의 관계들이 성의 은유를 통해 개념화되고 옹호되고 있다. 과학과 남성성의 결합에 대한 분석은 주로 머천트(C. Merchant), 켈러(E. F. Keller), 로이드(G. Lloyd)의 연구로 수행되었다.

34 A. MacGillivray(2004), 37.

35 A. MacGillivray(2004), 85. 72.

36 A. MacGillivray(2004), 87.

37 킹이 대중에게 1963년 1월에 발표한 편지. W. Souder(2012), 477 재인용.

38 A. MacGillivray(2004), 85.

39 카슨 평전을 쓴 린다 리어에 의하면 출판사가 사전검토를 위해 의견을 구한 과학자들이 있었다. 이들은 출판사의 마케팅 차원이라고 볼 수도 있겠으나, 카슨 자신이 자문을 구한 과학자들도 많았다. L. Lear(1997), 626-629.

40 1962년 12월의 〈전국 여성언론인협회〉에서의 연설에서 카슨에 의해 언급된 표현들이다. 업계의 반응을 카슨은 '시끄러운 가을(unquiet autumn)'이라 표현했다. W. Souder(2012), 487.

41 R. Carson(1962), 339-340. 이것은 『레이첼 카슨 평전』을 쓴 린다 리어(L. Lear)가 1998년에 쓴 글이다. 『침묵의 봄』 2000년 Penguin Books 판본을 번역한 한글 번역판에 첨부되어 있다.

42 R. Carson(1941), 30, 122, 168, 174, 185.

43 하지만 카슨을 비판하는 사람들이 살충제와 새의 번식능력 감소 사이의 인과관계에 동의할지는 의문이다. 새의 번식능력의 파괴가 살충제와 연관이 있다는 주장은 책 151-156에 나온다. 살충제가 포함된 먹이를 먹은 어미새가 낳는 알의 수가 현저히 줄어들고 새끼의 생존율이 아주 낮았다는 조류학자들의 연구결과를 예로 들면서, 조류의 체내에 농축된 DDT가 살충제와 직접 접촉하지 않은 다음 세대까지 전달된다고 주장한 것이다. 하지만 이후 새들의 개체수를 조사한 결과 카슨의 이런 생물 농축현상에 대한 주장이 대부분 사실이 아닌 것으로 드러났다고 비판하는 사람도 있다.

44 특히 8장 〈새는 더 이상 노래하지 않고〉에 이들의 말과 글이 많이 인용되어 있다.

45 8장의 격정적인 문장들. 특히 161-162 부분을 들 수 있다.

46 황희숙(2004), "과학이론에서 은유의 역할", 171-192.

47 R. Rorty(1987), "연대로서의 과학", 63. J. S. Nelson et. al, 『인문과학의 수사학』.

48 B. Latour(1987), 『젊은 과학의 전선』.

49 1963년 살충제의 안전성과 효과감소에 따른 의혹으로 미국은 말라리아 근절 프로그램에 대한 기금 지원을 중단했고, 1969년 WHO는 이 프로그램을 전면 폐기했고, 미국에서도 그 3년 후인 1972년에는 DDT 사용이 금지되었다. W. Souder(2012), 443-448.

50 R. Carson(1962), 40-41.

51 의료목적으로 근대적 살충제가 처음 사용된 것은 1943년 이탈리아

에서 티푸스를 박멸하기 위해 DDT를 사람들에게 뿌렸을 때고, 이때 남은 약을 1945년 말라리아모기를 없애기 위해 살포했고, 1년 뒤 모기가 이 살충제에 내성을 보이는 문제가 나타나기 시작했다. 말라리아를 일으키는 모기뿐만 아니라, 이질을 일으키는 집파리, 페스트를 옮기는 쥐벼룩, 티푸스를 옮기는 이도 마찬가지다. 우리나라의 사례도 인용되는데, 1950년~51년 겨울, 한국 군인들에게 DDT를 뿌렸고, 그 결과 오히려 이가 더 많이 퍼지고 말았다는 것이다. R. Carson(1962), 302-304.

52 R. Carson(1962), 307 사과좀나방, 양배추벌레, 면화벌레가 대표적인 예들이다.

53 관목이나 양치류를 이용해 건초열의 원인이 되는 돼지풀을 방제하는 것, 또 독풀의 일종인 클러매스(염소풀)을 먹어치우는 곤충인 딱정벌레를 이용하는 방법 등을 카슨은 말하고 있다. 잡초인 매리골드를 심어서 장미의 선충을 죽이게 하는 방법도 있다. R. Carson(1962), 111-116.

54 뎅기열 바이러스를 옮기는 이집트숲모기는 살충제에 대한 내성이 높다. 연구팀에 의해 유전자 조각을 넣은 수컷 모기와 짝짓기를 해서 나온 암컷 자손은 성충이 되기 전 유충일 때 다 죽게 되고 사람피를 빨지 않는 수컷 자손만 남게 된다. 연구팀은 유전자 조작 모기가 2-3달 이후 자연에서 완전히 사라졌기 때문에, 이런 동물이 생태계에 부작용을 일으킬 우려는 적다고 말하고 유전자 조작 모기 방사실험을 계속하려 한다. 환경단체들은 생태계 먹이사슬에 영향을 줄

수 있다고 우려하고 있다. 유전자 변형모기와 야생모기가 교배 번식할 가능성을 배재할 수 없기 때문이다. 어쨌든 말라리아를 퍼트리는 모기를 대상으로도 유전자조작 모기를 개발하는 실험이 진행될 계획이라고 연구팀은 밝혔다. YTN 사이언스 뉴스 2022. 4. 26. https://science.ytn.co.kr/program/program_view.php?s_mcd=0082&s_hcd=&key=2022042611152318847

55 대표적으로 스티븐 밀로이(S. Milloy)는 『침묵의 봄』 때문에 수백만 명이 말라리아로 죽었다고 비판했다. 그는 junkscience.com운영자로 해충이 옮기는 질병을 막기 위해 DDT를 사용해야 한다고 주장했다. A. MacGillivray(2004), 124, 150.

56 "이런 식물에 대해 우리는 정말로 편협한 태도를 보이고 있다. 즉각적인 이용가치가 있다고 생각하면 그 식물을 잘 키우고 보살핀다. 하지만 지금 당장 별로 바람직하지 않거나 관심 없는 거라면 즉시 이 식물을 없애버린다. 인간이나 가축에게 해를 끼치는 식물뿐 아니라 먹을거리를 제공해주는 식물이라고 해도 우리의 좁은 소견으로 볼 때 잘못된 시간, 잘못된 장소에 있다면 바로 제거의 표적이 되는 것이다. 사람들이 별로 원치 않는 식물과 연관이 있다는 이유만으로 제거되는 식물도 있다." R. Carson(1962), 94-95.

57 R. Carson(1962), 100.

58 R. Carson(1962), 280 또 15장 "자연의 반격"과 16장 "밀려오는 비상 사태"의 제목이 이것을 보여준다.

59 R. Carson(1962), 118. "너그러움을 발휘해 이들이 진실을 외면하

는 것은, 전문가와 특정 이해 관계에 연루된 사람 특유의 단편적 시각 때문이라고 이해할 수는 있을지 몰라도 이들을 합당한 증인으로 받아들이기는 힘들다."

60 R. Carson(1962), 334.

61 R. Carson(1962), 45.

62 R. Carson(1962), 295.

63 R. Carson(1962), 162.

64 R. Carson(1962), 17.

65 황희숙(2013), "전문가주의와 젠더 문제 – 지식과 전문성의 정치학에 대한 비평".

66 R. Carson(1962), 44.

67 우리의 무지, 지식 결여에 대해 강조하고 있는 부분은 매우 많지만 특히 R. Carson(1962), 188-189, 220, 249, 260 등을 들 수 있다.

68 V. Shiva.(1988), 29.

69 V. Shiva.(1993), 209-211.

70 V. Shiva.(1993), 211.

71 V. Shiva.(1999), 130-137.

72 V. Shiva.(1999), 151.

6장

1 L. Schiebinger(1989), 50-151, 160-166.

2 V. Shiva(ed.)(2007), 『테라 마드레, 공존을 위한 먹거리 혁명』, 133.

3 D. A. Harris, P. Giuffre(2015), 57.

4 D. A. Harris, P. Giuffre(2015), 38-41.

5 프랑스 물리화학자인 에르베 디스(Herve' This)는 "뛰어난 요리는 맛뿐만 아니라 향과 질감도 최대한 살릴 수 있어야 한다"며 '분자요리'라는 단어를 처음 사용했다. 『냄비 속 물리화학』 등을 썼다.

6 D. A. Harris, P. Giuffre(2015), 81-87.

7 D. A. Harris, P. Giuffre(2015), 147, 159-160.

8 M. Pollan(2008), 『행복한 밥상』, 14-17.

9 M. Pollan(2008), 『행복한 밥상』, 17.

10 N. Hassanein.(2000), 90-93.

11 N. Hassanein.(2000), 115.

12 L. Fortmann. et al.(2008), 150-151.

13 참조 조주현(1998), 133. D. Haraway(1991), 340-346.

14 H. Collins. and T. Pinch(2005), 『닥터 골렘』, 34-36. 186-187.

15 엡스틴(S. Epstein)은 1996년의 저서, 『Impure Science』에서 에이즈 활동가들의 사례를 분석했고, 핀치와 콜린스는 H. Collins. and T.

Pinch(2005)에서 이 자료를 활용했다. 필자는 Epstein, S(2000) 논문과 H. Collins. and T. Pinch(2005)을 참조했다.

16 H. Collins. and T. Pinch(2005), 236.

17 H. Collins. and T. Pinch(2005), 243-250.

18 H. Collins. and T. Pinch(2005), 251.

19 H. Collins. and T. Pinch(2005), 253.

20 H. Collins. and T. Pinch(2005), 255.

7장

1 B. Latour(1987), 『젊은 과학의 전선』, 216-242.

2 B. Latour(1987), 『젊은 과학의 전선』, 이해관계의 번역은 216-242.

3 행위자(actor)는 보통 인간을 가리키므로, 행위자-연결망 이론(ANT)에서 '행위소(actant)'라는 기호학용어를 사용한다. 행위소는 내러티브 속에서 역할을 담당하는 모든 존재를 통칭한다.

4 이것이 라투르가 말하는 행위자 연결망이론(ANT)의 "두 번째 원칙"이다. B. Latour(1987), 『젊은 과학의 전선』, 509, 183.

5 B. Latour(1987), 『젊은 과학의 전선』, 509-510. 앞 책 4장, 348.

6 B. Latour(1987), 『젊은 과학의 전선』, 4장, 348.

7 D. Haraway(1997), 509.

8 D. Haraway(1997), 149.

9 D. Haraway(1997), 97-98.

10 B. Latour(1987), 『젊은 과학의 전선』, 307.

11 B. Latour(1987), 『젊은 과학의 전선』, 484-500.

12 B. Latour(1987), 『젊은 과학의 전선』, 443,.

13 B. Latour(1987), 『젊은 과학의 전선』, 500.

14 B. Latour(1987), 『젊은 과학의 전선』, 500-506.

15 B. Latour(1987), 『젊은 과학의 전선』, 501.

8장

1 I. Wallerstein(2004), 『지식의 불확실성』, 47.

2 B. Latour(1987), 2장 실험실.

3 D. N. Livingstone(2003), 3.

4 J. Corburn(2005), *Street Science*, 50.

5 C. Geerts(1983), *Local Knowlege*, 75, 167.

6 W. Easterly(2013), 『전문가의 독재』.

7 W. Easterly(2013), 『전문가의 독재』, 64-66.

8 D. Turnbull(1997), 559-560.

9 S. Jasanoff(2005), 『누가 자연을 설계하는가』, 333.

10 S. Jasanoff(2005), 『누가 자연을 설계하는가』, 353–357.

11 J. Corburn(2005), *Street Science*, 2장, 24.

12 이 용어는 재서노프에 의해 먼저 사용되고, 코번이 활용하는 것 같다. cf. J. Corburn(2005), *Street Science*, 8. 공동생산 모델은 41.

13 J. Surowiecki(2004), 『대중의 지혜』, 8–10.

14 J. Surowiecki(2004), 『대중의 지혜』, 11.

맺음말

1 B. Latour(1987), 『젊은 과학의 전선』.

2 D. Haraway(1991), 352–353. 상황적 지식은 D. Haraway(1988), 253.

3 T. Nichols.(2017) 『전문가와 강적들』.

4 D. J. Boorstin(1994), 〈위대한 분리〉, 『부정적 발견의 시대』, 226–235.

5 P. Feyerabend.(1978), 98.

6 참고, 황희숙(2022), "오만과 편견 – 레이첼 카슨의 투쟁과 유산의 재조명", 21.

7 야마구치 슈(Shu Yamaguchi)(2019), 『뉴타입의 시대』, 201–202.

8 H. Collins, R. Evans(2017), 93–115.

9 도스토옙스키(F. M. Dostoevsky)(1864), 『지하 생활자의 수기』, 5.

10 위 책, 51.

11 중앙일보 2020. 10. 22. "밥짓다 논객 된 삼호어묵 '월세 세상? 그럼 홍남기 월세 살라'".

https://news.joins.com/article/23900633

참고문헌

참고문헌

김경만(2004), 『과학지식과 사회이론』, 한길사.

김동광(1999), "누가 과학을 모르는가?: 과학 대중화에서 대중의 과학 이해(PUS)로", 『자연과학』봄호(제6호), 서울대 자연과학대학 소식지.

김환석(1991), "과학기술의 이데올로기와 한국사회", 한국산업사회연구회 편, 『한국사회와 지배 이데올로기: 지식사회학적 이해』, 녹두, 1991. 291-323.

_____(1997), "과학 기술에 대한 사회학적 이해", 『과학사상』제20호, 재수록, 김환석(2006).

_____(1999), "과학 기술의 민주화란 무엇인가?" 참여연대 과학기술민주화를 위한 모임 엮음, 『진보의 패러독스』, 재수록, 김환석(2006).

_____(2006), 『과학사회학의 쟁점들』, 문학과 지성사.

_____(2010), "과학기술 민주화의 이론과 실천: 시민참여를 중심으로", 비판사회학회, 『경제와 사회』제85호.

_____(2011), "행위자-연결망 이론에서 보는 과학기술과 민주주의", 『동향과 전망』83호, 한국사회과학연구소, 재수록, 김환석(편저)(2014), 『생명정치의 사회과학』, 알렙.

박영욱(1999), "과학 대중화론과 대중 과학: 과학사에서의 논의를 중심으로", 『자연과학』봄호(제6호), 서울대 자연과학대학 소식지.

박진희(2004), "과학기술 관련 시민사회운동의 역사와 그 역할", 『과학
기술학연구』 4(1).

박희제(2013), "전문성은 광우병 위험 인식의 결정요인이었나?: 전문
가와 일반시민의 광우병 인식차이 비교", 『농촌사회』 제23집 2호,
301-341.

_____(2014), "과학자사회는 어떻게 작동하는가", 한국과학기술학회 지
음, 『과학기술학의 세계』, 휴먼사이언스.

송성수(1995), "기술과 사회의 관계를 어떻게 파악할 것인가", 송성수(편
역), 『우리에게 기술이란 무엇인가』, 도서출판 녹두.

_____ 엮음(1999), 『과학기술은 사회적으로 어떻게 구성되는가』, 새물
결.

_____(2011), 『과학기술과 사회의 접점을 찾아서: 과학기술학 탐구』, 한
울.

시민과학센터 편(2002), 『과학기술 · 환경 · 시민참여』, 한울.

_____ 편(2011), 『시민의 과학: 과학의 공공성 회복을 위한 시민
사회의 전략』, 사이언스북스.

오헌석, 김정아(2007), "전문성 연구의 주요 쟁점과 전망", 기업교육연
구, 제9권 제1호, 143-168.

윤정로(2016), 『사회 속의 과학기술』, 세창출판사.

이상욱 외(2009), 『욕망하는 테크놀로지』, 동아시아.

이중원, 홍성욱 외(2008), 『필로테크놀로지를 말한다』, 해나무.

이영희(2000), "과학기술과 시민참여 – 시민과학론의 논리와 실천" 이영희, 『과학기술의 사회학』, 한울아카데미, 2000.

_____(2011), 『과학기술과 민주주의』, 문학과 지성사.

장하석(2014), 『장하석의 과학, 철학을 만나다』, 지식플러스.

정연보(2013), "상대주의를 넘어서는 '상황적 지식들'의 재구성을 위하여: 파편화된 부분성에서 연대의 부분성으로", 『한국여성철학』 제19권, 59-81.

조주현(1998), "페미니즘과 기술과학: 대안적 패러다임 모색을 위한 해러웨이 읽기", 『한국여성학』 14권 2호, 121-151.

_____(2010), "실천이론으로 본 비판사회학과 페미니스트 정치학의 문제", 『경제와 사회』 제88호, 68-93.

하정옥(2008), "페미니스트 과학기술학의 과학과 젠더 개념: 켈러, 하딩, 하러웨이의 논의를 중심으로", 『한국여성학』 24권 1호, 51-82.

홍성욱(1994), "과학과 기술의 상호작용: 지식으로서의 기술과 실천으로서의 과학", 『창작과 비평』 제22권 제4호, 329-350. 재수록, 송성수(편역), 『우리에게 기술이란 무엇인가』, 도서출판 녹두.

_____(1999), "누가 과학을 두려워하는가 – '과학전쟁'의 배경과 그 논쟁점" 홍성욱, 『생산력과 문화로서의 과학 기술』, 문학과 지성사, 1999.

_____(2004), "과학과 시민: 현대과학의 패러독스", 홍성욱,『과학은 얼마나』, 서울대학교출판부, 2004.

_____ (2008), "과학과 젠더",『인간의 얼굴을 한 과학』, 서울대학교 출판부.

_____ 편저(2010),『인간·사물·동맹: 행위자네크워크 이론과 테크노사이언스』, 이음.

황희숙(1998), "회의론과 지식의 이념",『철학』제57집, 한국철학회, 301-324.

_____(1999), "은유와 인식",『철학연구』제46집, 철학연구회, 193-216.

_____(2003), "과학과 성의 은유",『한국여성철학』제3권, 한국여성철학회, 33-54.

_____(2004), "과학주의와 인문학의 재정위",『대동철학』제26집, 대동철학회, 283-301.

_____(2004), "과학이론에서 은유의 역할",『철학연구』제65집, 철학연구회171-192.

_____(2008), "은유의 인식론",『시학과 언어학』제15호, 시학과 언어학회, 7-49.

_____(2009), "과학적 철학의 꿈- Wittgenstein 오독의 유산",『대동철학』47, 대동철학회, 93-119.

_____(2010), "회의론과 인간조건 - 스탠리 캐블 연구1",『대동철학』

53, 대동철학회, 253-274.

_____(2011), "DMZ, 어떻게 말할 것인가 – 생태운동을 위한 담론 전략",『DMZ 연구』제 2집, 대진대 DMZ 연구원, 1-30.

_____(2012), "페미니스트 과학론의 의의 – 하딩의 주장을 중심으로",『한국여성철학』제18권, 한국여성철학회, 5-38.

_____(2013), "감정과 지식",『철학연구』제100집, 철학연구회, 267-307.

_____(2013), "전문가주의와 젠더문제 – 지식과 전문성의 정치학에 대한 비평",『한국여성철학』제 20권, 한국여성철학회, 5-40.

_____(2014), "이분법을 넘어서 – 힐라리 퍼트남의 새로운 철학", 황희숙 외(공저),『처음 읽는 현대영미철학』, 철학아카데미, 동녘.

_____(2015), "토착 지식과 생태운동 – 에코페미니즘의 미래",『철학논집』제40집, 서강대학교 철학연구소, 69-90.

_____(2015), "행위자-연결망이론(ANT)과 페미니즘의 동맹가능성 – '테크노사이언스'의 행위자개념을 중심으로",『한국여성철학』23, 한국여성철학회, 61-88.

_____(2016), "생명공동체와 공동선",『철학논집』제47집, 서강대학교 철학연구소, 67-88.

_____(2017), "공감의 빛과 그늘",『철학논집』제48집, 서강대학교 철학연구소, 155-177.

_____(2018), "물질의 귀환과 페미니즘", 『철학 · 사상 · 문화』 27, 동서사상연구소, 193-211.

_____(2022), "오만과 편견 – 레이첼 카슨의 투쟁과 유산의 재조명", 한국생태환경사학회, 『생태환경과 역사』 제8호, 3-47.

Addelson, K. P.(1983), "The Man of Professional Wisdom", S. Harding, M. B. Hintikka(eds.)(1983), Discovering Reality, 165-186, D. Reidel Publishing co.

Alcoff, L. and E. Potter(eds.)(1993), Feminist Epistemologies, Routledge.

Alcoff, L. and E. Potter(1993), "Introduction: When Feminisms Intersect Epistemology", in Alcoff and Potter(eds.), 1-14.

Arbesman, S.(2013), 『지식의 반감기 The Half-life of Facts: Why Everything We Know Has an Expiration Date』, (이창희 옮김, 책읽는수요일, 2014).

Athanasiou, A., P. Hantzaroula, K. Yannakopoulos(2008), "Towards a New Epistemology: The 'Affective Turn'", Historein, vol. 8, 5-16.

Beckwith, J.(2002), 『과학과 사회운동 사이에서 Making Genes, Making Waves』, (이영희, 김동광, 김명진 옮김, 그린비, 2009).

Berking, H.(2006), 『국경 없는 세계에서 지역의 힘 Die Macht des

Lokalen in einer Welt ohne Grenzen』, (조관연 외 옮김, 에코리브르, 2017).

Bloor, D.(1991), 『지식과 사회의 상 *Knowledge and Social Imagery*』, (김경만 옮김, 한길사, 2000).

Bobrow, D. G. and J. Whalen(2002), "Community Knowledge Sharing in Practice: The Eureka Story", *Reflections*, 4:2, 47–59.

Boorstin, D. J.(1994), 『부정적 발견의 시대 *Cleopatra's Nose*』, (정영목 옮김, 문예출판사, 2000).

Broad, W., N. Wade(1982), 『진실을 배반한 과학자들』, (김동광 옮김, 미래인, 2007).

Burke, U. P.(2015), 『지식은 어떻게 탄생하고 진화하는가 *What is the History of Knowledge?*』, (이상원 옮김, 생각의 날개, 2017).

Canagarajah, S.(2002), "Reconstructing Local Knowledge", *J. of Language, Identity, and Education*, 1(4), 243–259.

Carr, A. J. L.(2004), "Why do we all need Community Science?", *Soc Nat Resour*, 17, 1–9.

Carson, R.(1941), 『바닷바람을 맞으며 Under the Sea Wind』, (김은령 옮김, 에코리브르, 2017).

_____(1951), 『우리를 둘러싼 바다 The Sea Around Us』, (김홍옥 옮김, 에코르비르, 2018).

_____(1955), 『바다의 가장자리 The Edge of the Sea』, (김홍옥 옮김, 에코리브르, 2018).

_____(1962), 『침묵의 봄 Silent Spring』, (김은령 옮김, 에코리브르, 2002).

_____(1965), 『센스 오브 원더 The Sense of Wonder』, (표정훈 옮김, 에코리브르, 2012).

_____(1998), 『잃어버린 숲- 레이첼 카슨 유고집 Lost Woods: The Discovered Writings of Rachel Carson』, Linda Lear(ed.), (김선영 엮음, 그물코, 2004).

Castel, B. and S. Sismondo(2003), 『과학은 예술이다 *The Art of Science*』, (이철우 옮김, 아카넷, 2006).

Cavalier, D.(2016), *The Rightful Place of Science: Citizen Science*, Consortium for Science, Policy, & Outcomes.

Cavell, S.(1969a), "Knowing and Acknowledging" rp. in S. Mulhall(ed.)(1996), *The Cavell Reader*, Blackwell Publishers Ltd. 46-71.

_____(1969b), "The Avoidance of Love" rp. in S. Mulhall(ed.)(1996), *The Cavell Reader*, Blackwell Publishers Ltd. 89-93.

Chi, M. T. H., R. Glaser, M. J. Farr(eds.)(1988), *The Nature of Expertise*, Psychology Press.

Clough, P. T, and J. Halley(eds.)(2007), *The Affective Turn: Theorizing the Social*, Duke U. P.

Clough, P. T.(2008), "The Affective Turn: Political Economy, Biomedia, and Bodies" rp. in M. Gregg and G. J. Seigworth(eds.) (2010), *The Affect Theory Reader*, Duke U. P. 206−225.

Code, L.(1991), *What Can She Know? Feminist Theory and the Construction of Knowledge*, Cornell University Press.

_____(1993), "Taking Subjectivity into Account", in Alcoff and Potter(eds.), 15−48.

_____(2006), "Images of Expertise: Women, Science, and the Politics of Representation" in A. B. Shteir and B. Lightman(eds.), *Figuring It Put: Visual Languages of Gender in Science*, SUNY Press.

_____(2006), "Public Public Trust: Toward Democratic Epistemic Practices" ch. 7 of L. Code, *Ecological Thinking : The Politics of Epistemic Location*, Oxford.

Cohendet D. Grandadam, L. Simon, I. Capdevila(2014), "Epistemic Communities, Localization, and the Dynamics of Knowledge Creation", *Jour. of Economic Geography*, 14(5), 929−954.

Cole, J. R.(1979), *Fair Science: Women in the Scientific Community*, The Free Press.

Collins, H.(2001), "Tacit Knowledge, Trust, and the Q of Sapphire", *Social Studies of Science*, 31, 71–86.

_____(2004), "Interactional Expertise as a Third Kind of Knowledge", *Phenomenology and the Cognitive Sciences*, 3: 125–143.

_____(2010), *Tacit and Explicit Knowledge*, University of Chicago Press.

_____(2013), "Three Dimensions of Expertise", *Phenomenology and the Cognitive Sciences*, 12/2, 253–273.

_____(2014), *Are We All Scientific Experts Now?*, Polity Press.

Collins, H. and R. Evans(2002), "The Third Wave of Science Studies: Studies of Expertise and Experience", *Social Studies of Science*, 32/2, 235–296. rp. in Selinger, E. and R. P. Crease(eds.)(2006).

_____(2007), *Rethinking Expertise*, University of Chicago Press.

_____(2017), 『과학이 만드는 민주주의 *Why Democracies Need Science*』 (고현석 옮김, 이음, 2018).

Collins, H. and T. Pinch(1993), 『골렘 *The Golem: What You Should Know about Science*』 (이충형 옮김, 새물결, 2005).

_____(2005), 『닥터 골렘 *Dr. Golem: How to Think about Medicine*』 (이정호, 김명진 옮김, 사이언스북스, 2009).

Collins, H. and M. Weinel(2011), "Transmuted Expertise: How Technical Non-Experts Can Assess Experts and Expertise", *Argumentation*, 25/3, 401−413.

Collins, Patricia Hill(1986), "Learning from the Outsider Within: The Sociological Significance of Black Feminist Thought", *Social Problems*, 33:6, S14−S32.

Commoner, B.(1971), 『원은 닫혀야 한다− 자연과 인간과 기술 *Closing Circle*』, (송상용 옮김, 전파과학사, 1979).

Cook, N. J.(1992), "Modeling Human Expertise in Expert Systems", in R. Hoffman(ed.), *The Psychology of Expertise: Cognitive Research and Empirical AI*, Springer−Verlag New York INc., 2011, 29−60.

Corburn, J.(2005), Street Science: Community Knowledge and Environmental Health Justice, The MIT Press.

Davenport, T. H., J. Kirby(2016), 『AI 시대 인간과 일 *Only Humans Need Apply*』, (강미경 옮김, 김영사, 2017).

Dickinson, J. L.(2015), *Citizen Science: Public Participation in Environmental Research*, Comstock Pub. Assoc.

Dostoevsky, F. M.(1864), 『지하생활자의 수기』, (이동현 옮김, 문예출판사, 1972).

Dreyfus, H. and S. Dreyfus(1986), "Five Steps form Novice to Expert" in Dreyfus, H. and S. Dreyfus(ed.)(1986).

_____(ed.)(1986), *Mind Over Machine: The Power of Human Intuition and Expertise in the Era of the Computer*, Free Press.

Dreyfus, H.(1992), *What Computers Still Can't Do: A Critique of Artificial Reason*, MIT Press.

Durant, D.(2008), "Accounting for Expertise: Wynne and the Autonomy of the Lay Public Actor", *Public Understanding of Science*, 17, 5-20.

Easterly, W.(2013), 『전문가의 독재 *The Tyranny of Experts*』, (김홍식 옮김, 열린책들, 2016).

Ehrenreich, B., D. English(1978), 『200년 동안의 거짓말 *For Her Own Good: Two Centuries of the Experts's Advice to Women*』, (강세영 외 옮김, 푸른길, 2017).

Epstein, S.(1995), "The Construction of Lay Expertise: Aids Activism and Forging of Credibility in the Reform of Clinical Trials", *Science, Technology & Human Values*, Vol. 20, No. 4, 408-437.

_____(1996), I*mpure Science: AIDS, Activism and the Politics of Knowledge*, University of California Press.

_____(2000), "민주주의, 전문성, 에이즈 치료 운동", Kleinman, D. L.(ed.)(2000), 1장. 36-61.

Ericsson, K. A., N. Charness(2006), *The Cambridge Handbook of Expertise and Expert Performance*, Cambridge U. P.

Ericsson, K. A., Lehmann, A. C.(1999), "Expertise" in S. R. Pritzker, M. A. Runco(ed.), *Encyclopedia of Creativity*, 1: 695-707.

Ericsson, K. A., M. J. Prietula, E. T. Cokely(2007), "The Making of An Expert", *Harvard Business Review*, 7-8.

Ericsson, K. A., T. J. Towne(2010), "Expertise", *WIREs Cognitive Science*, Vol 1, May/June 2010, 404-416.

Feltovich, P. J., K. M. Ford, R. R. Hoffman(eds.)(1997), *Expertise in Context: Human and Machine*, The MIT Press.

Feyerabend, P.(1970), "전문가를 위한 위안", 조인래 편역(1997), 『쿤의 주제들:비판과 대응』, 이화여자대학교 출판부, 166-185.

_____(1978), *Science in a Free Society*, Verso.

_____(1975), "How to Defend Society Against Science" rp. in Selinger, E. and R. P. Crease(eds.)(2006).

_____(1999), "Experts in a Free Society" in J. Preston(ed.), *Knowledge, Science and Relativism, Philosophical Papers*, vol.3, Cambridge U. P.

Fischer, F.(2000), *Citizens, Experts, and the Environment: The Politics of Local Knowledge*, Duke University Press.

Fleck, J.(1998), "Expertise: Knowledge, Power and Tradeability" in J. Fleck, W. Faulkner, R. Williams(eds.)(1998).

Fleck, J., W. Faulkner, R. Williams(eds.)(1998), *Exploring Expertise: Issues and Perspectives*, Palgrave Macmillan.

Fortmann, L., H. Ballard and L. Sperling(2008), "생활세계 주변에서 일어나는 변화: 젠더분석, 여성주의 방법, 그리고 지구환경과학", Schiebinger, L.(ed.)(2008), 제 5장. 147–177.

Freedman, D. H.(2010), 『거짓말을 파는 스페셜리스트 *Wrong*』 (안종희 옮김, 지식갤러리, 2011).

Frickel, S, K. Moore(2006), 『과학의 새로운 정치사회학을 향하여 *The New Political Sociology of Science*』 (김동광, 김명진, 김병윤 옮김, 갈무리, 2013).

Friedman, M.(1993), "Feminism and Modern Friendship: Dislocating the Community", *What are Friends For?*, Cornell U. P.

Fuller, S.(1986), *Social Epistemology*, Indiana University Press.

_____(1994), "The Constitutively Social Character of Expertise" rp. in Selinger, E. and R. P. Crease(eds.)(2006).

Gartner, C. B.(2000) "When Science Writing Becomes Literary

Art: The Success of *Silent Spring*" in C. Waddell(ed.), *And No Birds Sing: Rhetorical Analyses of Rachel Carson's Silent Spring*, Southern Illinois U. P.

Geertz, C.(1983), *Local Knowledge*, Basic Books, (Fontana Press, 1993).

Glaeser, E.(2011), 『도시의 승리 Triumph of the City』, (이진원 옮김, 해냄, 2011).

Gobet, F.(2016), *Understanding Expertise: A Multi-Disciplinary Approach*, Palgrave.

Goldman, Alvin I.(2001), "Experts: Which Ones Should You Trust?" rp. in Selinger, E. and R. P. Crease(eds.)(2006).

Gregory, J., S. Miller(1998), 『두 얼굴의 과학 Science in Public』, (이원근, 김희정 옮김, 지호, 2001).

Griffiths, M.(1998), "Feminism, Feelings and Philosophy" in M. Griffiths, M. Whitford(ed.)(1988), *Feminist Perspectives in Philosophy*, Macmillan P.

Haas P.(2008), "Epistemic Communities" D. Bodansky et al.(eds.), *The Oxford Handbook of International Environmental Law*, Oxford U. P.

Hankinson, N. L.(1993), "Epistemological Communities" in Alcoff and Potter(eds.), 121–161.

Haraway, D. J. (1988), "상황적 지식들 *Situated Knowledges*" D. J. Haraway(1991), 327–360.

_____(1991), 『유인원, 사이보그, 그리고 여자 *Simians, Cyborgs, and Women*』, (민경숙 옮김, 동문선, 2002).

_____(1997), 『겸손한_목격자@제2의_천년 Modest_Witness@Second_ Millenium』, (민경숙 옮김, 갈무리, 2006).

Harding, S.(1986), 『페미니즘과 과학 *The Science Question in Feminism*』, (이재경, 박혜경 옮김, 이대 출판부, 2002).

_____(1991), 『누구의 과학이며 누구의 지식인가 *Whose Science? Whose Knowledge?*』, (조주현 옮김, 나남출판, 2009).

_____(2000), "과학철학은 민주주의의 이상을 코드화해야 하는가?" Kleinman, D. L.(ed.)(2000), 7장, 206–238.

_____(2001), "How Can Women's Standpoint Advance the Growth of Scientific Knowledge?" in Linda Maxwell et al. (eds.), *Gender and Research*, 316–322.

_____(2006), "Two Influential Theories of Ignorance and Philosophy's Interests in Ignoring Them", *Hypatia* 21:3, 20–36.

Hardwig, J.(1985), "Epistemic Dependence", *The Journal of Philosophy*, 82, 335–349. rp. in Selinger, E. and R. P. Crease(eds.)

(2006).

_____(1991), "The Role of Trust in Knowledge", _The Journal of Philosophy_, 88, 693–708.

_____(1994), "Toward an Ethics of Expertise", in D. Wueste(ed.), _Professional Ethics and Social Responsibility_, Rowman & Littlefield.

Harris, D. A., and P. Giuffre(2015), 『여성 셰프 분투기 _Taking the Heat: Women Chefs and Gender Inequality in the Professional Kitchen_』, (김하현 옮김, 현실문화, 2017).

Hartelius, E. J.(2011), _The Rhetoric of Expertise_, Lexington Books.

Hassanein, N.(2000), "지속가능한 농업 네트워크를 통한 농업 지식의 민주화", Kleinman, D. L.(ed.)(2000), 3장. 88–116.

Hayek, F. A.(1945), "The Use of Knowledge in Society", _The American Economic Review_, 35/4: 519–530.

_____(1974), "The Pretence of Knowledge", Nobel Memorial Lecture (Nobel Prize in Economic Science 수상 기념 강연, December 11, 1974), _The American Economic Review_, 79/6: 3–7.

Hoffman, R. R.(1998), "How Can Expertise be Defined?" in J. Fleck, W. Faulkner, R. Williams(eds.)(1998).

Illich, I. J. Mcknight, I. K. Zola, J. Caplan, H. Shaiken(1977),

『전문가들의 사회 *Disabling Professions*』, (신수열 옮김, 사월의 책, 2015).

Irwin, A.(1995),『시민과학 *Citizen Science: A Study of People, Expertise, and Sustainable Development*』, (김명진, 김병수, 김병윤 옮김, 당대, 2011).

_____(2001), "Constructing the Scientific Citizen: Science and Democracy in the Biosciences", *Public Understanding of Science*, 10, 1-18.

Jacobs, J.(1961),『미국 대도시의 죽음과 삶 *The Death and Life of Great American Cities*』, (유강은 옮김, 그린비, 2010).

Jagger, A.(1989), "Love and Knowledge: Emotion in Feminist Epistemology", *Inquiry*, 32, 151-76.

Jansen, Sue C.(1990), "Is Science a Man? New Feminist Epistemology and Reconstructions of Knowledge", *Theory and Society*, 19. 235-246.

Jasanoff, S.(2005),『누가 자연을 설계하는가 *Designs on Nature*』, (박상준, 장희진, 김희원, 오요한 옮김, 동아시아, 2019).

Jones, K.(2000), "The Politics of Credibility" in L Antony and C. Witt. (eds.), *A Mind of One's Own*, 2nd ed. Westview.

Keller, E. F.(1983),『생명의 느낌: 유전학자 바바라 매클린톡의 전기 *A*

Feeling for the Organism』, (김재희 역, 2001, 양문).

_____(1985), 『과학과 젠더 Reflections on Gender and Science』, Yale U. P. (민경숙, 이현주 역. 동문선. 1996).

_____(1995) "Gender and Science: Origin, History, and Politics" Osiris, 10:27-38.

_____(1999) "과학과 성 연구 Science and Gender Studies", (오 조영란, 홍성욱 엮음, 『남성의 과학을 넘어서』, 창작과 비평사, 1999) .

Kinchy, A. J. and D. L. Kleinman(2005), "Democratizing Science, Debating Values", Dissent, 52(3), 54-62.

Kleinman, D. L.(1998), "Beyond the Science Wars: Contemplating the Democratization of Science", Politics and the Life Sciences, 16(2), 133-145.

_____(2000), "과학기술의 민주화", Kleinman, D. L.(ed.) (2000), 8장. 239-279.

_____(ed.)(2000), 『과학 기술 민주주의 Science, Technology, and Democracy』, (김명진 외 옮김, 갈무리, 2012).

_____(2012), "Be(e)coming experts: the Controversy over Insecticides in the honey bee colony collapse disorder", Social Studies of Science, 43(2), 215-240.

Kleinman, D. L. and S. Suryanarayanan(2012), "Dying Bees and the Social Production of Ignornace", *Science, Technology, & Human Values*, 1–26.

Kochevar, L. K.(1994), *Generalizability of Expertise*, University of Minnesota.

Koertge, N.(2000), "'New Age' philosophies of science: Constructivism, Feminism and Postmodernism", P. Clark, K. Hawley (eds.) *Philosophy of Science Today*, Clarendon P. Oxford, 2000.

Kuhn, T. S.(1970), 『과학혁명의 구조 *The Structure of Scientific Revolutions*』, (김명자 옮김, 정음사, 1992).

Latour, B.(1987), 『젊은 과학의 전선 *Science in Action – How to Follow Scientists and Engineers through Society*』, (황희숙 옮김, 아카넷, 2016).

_____(1999), 『판도라의 희망 *Pandora's Hope*』, (장하원, 홍성욱 옮김, 휴머니스트, 2018).

_____(2000), "Technology is Society Made Durable" in K. Grint(ed.), *Work and Society: A Reader*, Polity.

_____(2004), *Politics of Nature: How to Bring the Sciences into Democracy*, Harvard University Press.

Latour, B., S. Woolgar(1979), 『실험실 생활 *Laboratory Life: The Construction of Scientific Facts*』, (이상원 옮김, 한울, 2019).

Lear, L.(1997), 『레이첼 카슨 평전』, (김홍옥 옮김, 샨티, 2004).

Leopold, A(1949), 『모래 군의 열두 달』, (송명규 옮김, 도서출판 따님, 2000).

Levitt, N.(1994, October 5), "The Perils of Democratizing Science", *The Chronicle of Higher Education*, B1, B2.

Lévy, P.(1994), 『집단지성 *L'intelligence collective*』, (권수경 옮김, 문학과 지성사, 2001).

Liinason, Mia(2007), "Who's the Expert? On Knowledge Seeking as Praxis: a methodological approach", *Graduate Journal of Social Science*, Lund University, Sweden, 40-60.

Lippard L.(1997), *The Lure of the Local: Sences of Place in a Multicultural Society*, the New Press.

Livingstone, D. N.(2003), 『장소가 만들어낸 과학 Putting Science in its Place』, (이재열 외 옮김, 시그마프레스, 2019).

Lloyd, G.(1984), *The Man of Reason*, (1993 2nd ed.), Routledge.

_____(1993), "Maleness, Metaphor and the 'Crisis' of Reason" in L. M. Antony and C. Witt(eds.), *A Mind of One's Own*, Perseus Books.

Long, J. S. and M. F. Fox(1995), "Scientific Career: Universalism and Particularism", *Annual Review of Sociology*, Vol. 21.

Longino, H. E.(1990), *Science as Social Knowledge*, Princeton U. P.

_____(1993), "Subjects, Power, and Knowledge: Description and Prescription in Feminist Philosophies of Science", in Alcoff and Potter(eds.), 101–120.

Longino, H. E., K. Lennon(1997), "Feminist Epistmology as a Local Epistemology", *Proceedings of the Aristotelian Society, Supplementary Volume*, Vol. 71, 19–54.

Lugones, M. C.(1998), "공동체", A. M. Jaggar and I. M. Young(eds.), 『여성주의 철학 2』, (한국여성철학회 옮김, 서광사, 2005).

McCormick, S.(2007), "Democratizing Science Movements: A New Framework for Mobilization and Contestation", *Social Studies of Science*, 37(4), 609–623.

_____(2009), *Mobilizing Science: Movements, Participation, and the Remaking of Knowledge*, Temple University Press.

MacGillivray, A.(2004), 『세계를 뒤흔든 침묵의 봄 *Rachel Carson's Silent Spring*』, (이충호 옮김, 그린비, 2005).

MacLean, P. D.(1967), "The Brain in Relation to Empathy and Medical Education", *J. Nerv Ment Dis.* 144:374–382.

Marsh, G. P.(1864), 『인간과 자연』, (홍금수 옮김, 한길사, 2008).

McKibben, B.(1989, 1999), 『자연의 종말』, (진우기 옮김, 양문, 2005).

McNeil, M.(ed.)(1987), *Gender and Expertise*, Free Association Books.

_____(1998), "Gender, Expertise and Feminism", in J. Fleck, W. Faulkner, R. Williams(eds.)(1998).

Majdik, Z. P. and W. M. Keith(2011), "The Problem of Pluralistic Expertise: A Wittgensteinian Approach to the Rhetorical Basis of Expertise", *Social Epistemology*, 25:3, 275−290.

Mansbridge, J. (1995), "Feminism and Democratic Community" in Weiss, P. A. and M. Freidman(eds.)(1995), *Feminism and Community*, Temple U. P.

Maranta, A., M. Guggenheim, P. Gisler and C. Pohl(2003), "The Reality of Experts and the Imagined Lay Person", *Acta Sociologica*, vol. 46(2), 150−165.

Merchant, C.(1980), 『자연의 죽음 *The Death of Nature*』, (전규찬 외 옮김, 미토, 2005).

Merrifield, A.(2017), 『아마추어 − 영혼 없는 전문가에 맞서는 사람들 The Amateur』, (박준형 옮김, 한빛비즈, 2018).

Mialet, H.(1999), "Do Angels Have Bodies? Two Stories about Subjectivity in Science", *Social Studies of Science* 29(4), 551−582.

Michaels, D.(2008), 『청부과학』, (이홍상 옮김, 이마고, 2009).

Miller, C. A.(2008), "Civic Epistemology: Constituting Knowledge and Order in Political Communities", *Social Compass*, Vol. 2, No. 6.

Minsky, M.(1997), "Negative Expertise" in Feltovich, P. J., K. M. Ford, R. R. Hoffman(eds.)(1997).

Moore, K.(2006), "사람들이 힘을 불어넣다: 참여과학에서 과학의 권위", Frickel, S, K. Moore(2006)(eds.), 346–372.

Mungmachon, R.(2012), "Knowledge and Local Wisdom: Community Treasure", *International Jour. of Humanities and Social Science*, 2:13, 174–181.

Nelson, L. H.(1993), "Epistemological Communities", in Alcoff and Potter(eds.), 121–159.

Nichols, T.(2017) 『전문가와 강적들 *The Death of Expertise: The Campaign Against Established Knowledge and Why It Matters*』, (정혜윤 옮김, 오르마, 2017).

Nicolas, F.(2012), "Between 'Scientization' and Democratization of Science: The 'Politics of Expertise', *Science as Culture*, 21(2), 259–263.

Nieto-Galan, A.(2016), *Science in the Public Sphere: A History of Lay*

Knowledge and Expertise, Routledge.

Nowotny, H.(2003), "Democratising Expertise and Socially Robust Knowledge", *Science and Public Policy*, 30:3, 151–156.

Nowotny, H., P. Scott and M. Gibbons(2001), *Rethinking Science, Knowledge and Public in an Age of Uncertainty*, Polity Press.

Nye, R. A.(1997), "Medicine and Science as Masculine 'Fields of Honor'", *OSIRIS, The History of Science Society*, 12: 60–79.

Pappas, G.(1994), "Experts", *Acta Analytica*, 9(12), 7–17.

Pierson, R.(1994), "The Epistemic Authority of Expertise", *PSA 1994*, vol. 1. 398–405.

Polanyi, M.(1946), 『과학, 신념, 사회 *Science, Faith and Society*』, (이은봉 옮김, 범양사 출판부, 1990).

_____(1958), 『개인적 지식 *Personal Knowledge*』, (표재명, 김봉미 옮김, 아카넷, 2001).

Pollan, M.(2008), 『행복한 밥상 *In Defence of Food*』, (조윤정 옮김, 다른 세상, 2009).

Postman, N.(1992), 『테크노폴리 *Technopoly*』, (김균 옮김, 민음사, 2001).

Potter, E.(1993), "Gender and Epistemic Negotiation" in Alcoff and Potter(eds.), 161–186.

Praiser, E.(2011),『생각조종자들 *The Filter Bubble*』, (이현숙, 이정태 옮김, 알키, 2011).

Putnam, H.(1981),『이성, 진리, 역사 *Reason, Truth, and History*』, (김효명 역, 민음사, 1987).

_____(1992),『과학주의 철학을 넘어서 *Renewing Philosophy*』, (원만희 옮김, 철학과 현실사, 1998).

Quine, W. V.(1969), "Epistemology Naturalized" in *Ontological Relativity and Other Essays*, Columbia U. P.

Reber, A.(1995), *Implicit Learning and Tacit Knowledge: An Essay on the Cognitive Unconscious*, Oxford University Press.

Reich, R. B.(1991),『국가의 일 *The Work of Nations*』, (남경우 외 옮김, 까치, 1994).

Reihenbach, H.(1951),『과학의 발전과 함께 새로운 철학이 열리다 *The Rise of Scientific Philosophy*』, (김회빈 옮김, 새길, 1994).

Ribeiro, R.(2012), "Levels of Immersion, Tacit Knowledge and Expertise", *Phenom Cogn Sci.* published online.

Rolin, K.(2002), "Gender and Trust in Science", *Hypatia: A Journal of Feminist Philosophy*, 17(4), 95−118.

Rorty, R.(1976a), "철학의 순수화: 비트겐슈타인에 관한 에세이", R. Rorty(1982).

_____(1976b), "전문화된 철학과 초월주의 문화", R. Rorty(1982), 171–188.

_____(1980), "실용주의, 상대주의, 비합리주의", R. Rorty(1982), 335–360.

_____(1981), "오늘날 미국에서의 철학", R. Rorty(1982), 419–448.

_____(1982), 『실용주의의 결과 *Consequences of Pragmatism*』, (김동식 옮김, 민음사, 1996).

_____(1987), "연대로서의 과학", J. S. Nelson et. al., 『인문과학의 수사학 *Rhetorics of the Human Sciences*』, (박우수, 양태종 외 옮김, 고려대학교 출판부, 2003).

Rose, H.(1983), "Hand, Brain, and Heart: A Feminist Epistemology for the Natural Sciences", *Signs*, Vol 9, No. 11. 73–90.

Rowe, G., G. Wright(2001), "Differences in Expert and Lay Judgements of Risk: Myth or Reality?" *Risk Analysis*, 21(2), 341–356.

Ruddick, S.(1995), 『모성적 사유 *Maternal Thinking: Toward a Politics of Peace*』, (이혜정 옮김, 철학과 현실사, 2002).

_____(1996), "Reason's 'Femininity': Case for Connected Knowing" in N. R. Goldberger et. al.(eds.), *Knowledge, Difference, and Power*, 248–273.

Sanger, L. M.(2009), "The Fate of Expertise after WIKIPEDIA", *Episteme* 6/1, 52-73.

Sassower, R.(1993), *Knowledge without Expertise: On the Status of Scientists*, SUNY Press.

Scheman Naomi(1993), *Engenderings: Construction of Knowledge, Authority, and Privilege*, Routledge.

_____(2001), "Epistemology Resuscitated: Objectivity as Trustworthiness" rp. in N. Scheman(2011), *Shifting Ground: Knowledge and Reality, Transgression and Trustworthiness*, Oxford U. P.

Schiebinger, L.(1989),『두뇌는 평등하다 T*he Mind has no Sex?*』, (조성숙 옮김, 서해문집, 2007).

_____(ed.)(2008),『젠더분석: 과학과 기술을 바꾼다 *Gendered Innovations in Science and Engineering*』, (김혜련 옮김, 연세대출판부, 2010).

Schilling, D. R.(2013), "Knowledge Doubling Every 12 Months, Soon to be Every 12 Hours", *Industry Tap*, 2013. 4. 19.

Schneider, S. H.(2000), "시민-과학자는 모순어법인가?" Kleinman, D. L.(ed.)(2000), 6장. 173-205.

Scott, J. C.(1998),『국가처럼 보기 *Seeing Like a State*』, (전상인 옮김,

에코리브르, 2010).

Selinger, E.(2003), "Feyerabend's Democratic Argument Against Experts" rp. in Selinger, E.(2011).

_____(2008), "Chess Playing Computers and Embodied Grandmasters: In What Way Does the Difference Matter?" rp. in Selinger, E.(2011).

_____(2011), *Expertise: Philosophical Reflections*, Automatic P.

Selinger, E., H. Collins, and H. Dreyfus(2007), "Interactional Expertise and Embodiment" rp. in Selinger, E.(2011).

Selinger, E. and R. P. Crease(2002), "Dreyfus on Expertise: The Limits of Phenomenological Analysis" rp. in Selinger, E. and R. P. Crease(eds.)(2006).

_____(eds.)(2006), *The Philosophy of Expertise*, Columbia U. P.

Selinger, E. and J. Mix(2004), "On Interactional Expertise: Pragmatic and Ontological Considerations" rp. in Selinger, E. and R. P. Crease(eds.)(2006).

Shermer, M.(2001), 『과학의 변경지대 *The Borderlands of Science: Where Sense Meets Nonsense*』, (김희봉 옮김, 사이언스북스, 2005).

Shirky, C.(2010), 『많아지면 달라진다 *Cognitive Surplus*』, (이충호 옮김,

갤리온, 2011).

Shiva, V.(1988), 『살아남기 *Staying Alive*』, (강수영 옮김, 솔, 1998).

_____(1993), "여성의 토착 지식과 생물다양성의 보존", M. Mies, and V. Shiva, 『에코페미니즘 *Ecofeminism*』, (손덕수, 이난아 옮김, 창작과 비평사, 2000), 11장, 207-218.

_____(1999), 『자연과 지식의 약탈자들 *Biopiracy*』, (한재각 외 옮김, 당대, 2000).

_____(ed.)(2007), 『테라 마드레, 공존을 위한 먹거리 혁명』, (송민경 옮김, 다른, 2009).

Snow, C. P.(1964), 『두 문화 *The Two Cultures*』, Cambridge U. P. (Canto ed. 1993) (오영환 옮김, 민음사, 1996).

Sorell, T.(1991), *Scientism*, Routledge.

Souder, W.(2012), 『레이첼 카슨- 환경운동의 역사이자 현재』, (김홍옥 옮김, 에코리브르, 2014).

Stein, E. W.(1997), "A Look at Expertise from a Social Perspective" in Feltovich, P. J., K. M. Ford, R. R. Hoffman(eds.)(1997).

Sternberg, R. J.(1997), "Cognitive Conceptions of Expertise" in Feltovich, P. J., K. M. Ford, R. R. Hoffman(eds.)(1997).

Sternberg, R. J., R. K. Wagner(1986), *Practical Intelligence: Nature and Origins of Competence in the Everyday World*, Cambridge U. P.

Surowiecki, J.(2004), 『대중의 지혜』, (홍대운, 이창운 옮김, 랜덤하우스 중앙, 2004).

Susskind, R., D. Susskind(2015), 『4차 산업혁명시대, 전문직의 미래 *The Future of Professions: How the Technology Transform the Work of Human Experts*』, (위대선 옮김, 와이즈베리, 2016).

Taasoobshirazi, G., M. Carr(2008), "Gender Differences in Science: An Expertise Perspective", Edu Psychol Rev 20:149−169.

Tetlock, P. E., Dan Gardner(2015), 『슈퍼예측− 그들은 어떻게 미래를 보았는가』, (이경남 옮김, 알키, 2017).

Toulmin, S.(1990), 『코스모폴리스 *Cosmopolis*』, (이종흡 옮김, 경남대학교 출판부, 1997)

Turnbull, D.(1997), "Reframing Science and Other Local Knowledge Traditions", *Futures*, Vol. 29, No. 6, 551−562.

Turner, S.(2001), "What is the Problem with Experts", *Social Studies of Science*, 31:1, 123−49. rp. in S. Turner(2014), rp. in E. Selinger, R. P. Crease(eds.)(2006).

_____(2007), "Political Epistemology, Expertise, and the Aggregation of Knowledge" rp. in S. Turner(2014).

_____(2014), *The Politics of Expertise*, Routledge.

Wallerstein, I.(2004), 『지식의 불확실성 *The Uncertainties of Knowl-*

edge』, (유희석 옮김, 창비, 2007).

Watson, J. D.(1968), 『이중나선 The Double Helix』, (하두봉 옮김, 전
파과학사, 1973).

Weiss, P. A. and M. Freidman(eds.)(1995), *Feminism and Commu-
nity*, Temple U. P.

Whyte, K. P., R. P. Crease(2010), "Trust, Expertise, and the Phi-
losophy of Science", *Synthese* 177: 411-425.

Wittgenstin, L.(1969), 『확실성에 관하여 On Certainty』, (이영철 옮김,
서광사, 1990).

Woodhouse, E. J.(2006), "나노과학, 녹색화학, 과학의 특권적 지위",
Frickel, S, K. Moore(2006)(eds.), 171-216.

Woodhouse, E. J. and D. C. Nieusma(2001), "Democratic Exper-
tise" in Hischemoller et al., (eds.), *Knowledge, Power, and Par-
ticipation in Environmental Policy Analysis*, New Brunswick, NJ:
Transaction Publishers.

Wynn J.(2017), *Citizen Science in the Digital Age: Rhetoric, Science, and
Public Engagement*, University Alabama Press.

Wynne, B.(1989), "Sheep Farming after Chernobyl: a Case Study
in Communicating Scientific Information", *Environment* 31(2),
10-15, 33-9.

_____(1995), "The Public Understanding of Science" in S. Jasa-
noff et al.(eds.), *Handbook of Science and Technology Studies*, 361–
388. Sage.

_____(1996), "May the Sheep Safely Gaze: A Reflexive View of
the Expert–Lay Knowledge Divide", in S. Lash, B, Szerzyns-
ki, B. Wynne(eds.), *Risk, Environment, and Modernity: Toward a
New Ecology*, Sage.

Yamaguchi Shu(2019), 『뉴타입의 시대』, (김윤경 옮김, 인플루엔셜,
2020).

Yearley, S.(2000), "Making Systematic Sense of Public Discontents
with Expert Knowledge: Two Analytical Approaches and a
Case Study", *Public Understanding of Science*, 9(2), 105–122.

Young, I. M.(1995), "The Ideal of Community and the Politics of
Difference", Weiss, P. A. and M. Freidman(eds.)(1995), *Femi-
nism and Community*, Temple U. P.

Zajonc, R. B.(1984), "The Interaction of Affect and Cognition", in
K. R. Scherer and P. Ekman(eds.)(1984), *Approaches to Emotion*,
Lawrence Erlbaum, 239–247.

Zerilli, L. M. G.(1998), "Doing without Knowing: Feminism's
Politics of the Ordinary", *Political Theory*, vol. 26, No.4, 435–
458.

그림 목록

그림 목록

1928-).

찾아보기

찾아보기

한국연구재단 저술총서 18

전문가와 전문지식의 생태학

1판 1쇄 발행 2023년 3월 31일

지 은 이 ┃ 황희숙
펴 낸 이 ┃ 김진수
펴 낸 곳 ┃ 한국문화사
등　　록 ┃ 제1994-9호
주　　소 ┃ 서울시 성동구 아차산로49, 404호(성수동1가, 서울숲코오롱디지털타워3차)
전　　화 ┃ 02-464-7708
팩　　스 ┃ 02-499-0846
이 메 일 ┃ hkm7708@daum.net
홈페이지 ┃ http://hph.co.kr

ISBN　979-11-6919-109-8　93300

오류를 발견하셨다면 이메일이나 홈페이지를 통해 제보해주세요.
소중한 의견을 모아 더 좋은 책을 만들겠습니다.